¿CÓMO METER UN HUEVO EN UNA BOTELLA?

Y OTRAS PREGUNTAS

Erwin Brecher y Mike Gerrard

LIBSA

© 2017, Editorial LIBSA
C/ San Rafael, 4
28108 Alcobendas (Madrid)
Tel.: (34) 91 657 25 80
Fax: (34) 91 657 25 83
e-mail: libsa@libsa.es
www.libsa.es

ISBN: 978-84-662-3612-6
Derechos exclusivos de edición para todos los países de habla española
Título original: *How Do You Get an Egg into a Bottle? and Other Questions*
Traducción: Sandra Marín Aragón
© MMX, Carlton Books Ltd.

Impreso en España
DL: M 43796-2016

CONTENIDO

INTRODUCCIÓN

Erwin Brecher

«Todos los hombres por naturaleza desean el conocimiento» ARISTÓTELES (384 - 322 a. C.)

Este libro es para los curiosos.

Estamos rodeados de fenómenos a menudo vistos como algo cotidiano que rara vez se reconocen como tal hasta que, algunas veces, nos paramos a preguntarnos: ¿qué reglas ocultas hacen que el mundo físico se comporte como lo hace?

Mientras que la filosofía se ocupa del «por qué» para explorar los rincones más recónditos de la existencia espiritual, la ciencia analiza el «cómo» con procesos de razonamiento inductivo y deductivo. El primer proceso es un ejercicio para llegar a hipótesis y teorías generales producto de observaciones y experimentos específicos, mientras que el último invierte el procedimiento empezando con la teoría para mostrar que puede explicar satisfactoriamente los resultados experimentales. Este enfoque dicotómico es la base del método científico, que fue articulado por primera vez durante el Renacimiento pero que en verdad se ha utilizado a lo largo de toda la historia de la humanidad.

A menudo damos por sentado el funcionamiento del mundo físico que nos rodea sin darnos cuenta del profundo efecto que estos fenómenos, muchos aparentemente corrientes, tienen en nuestra comprensión del universo. Isaac Newton descubrió los principios de la gravitación universal a raíz de la caída de una manzana. La historia podrá ser anecdótica, pero los logros de Newton son monumentales.

Es la Nochevieja de 1670. Imagina que estás sentado en casa y ves caer un objeto. ¿Le habrías dado mayor importancia? Probablemente no. Pero si lo hubieses hecho, seguramente te habrías dicho: «¿Qué otra cosa podía hacer que caer al suelo?» En otras palabras, habrías considerado algo axiomático que las cosas caen hacia abajo y no hacia arriba. Sin embargo, no hay axiomas en física; es decir, no hay principios básicos que se asuman como ciertos sin alguna prueba o sin lógica inherente, como se suele dar en geometría.

Por el contrario, no hay ningún aspecto de nuestro mundo físico que no sea investigado, analizado y evaluado por científicos que pretenden encontrar una explicación para todos los fenómenos, esotéricos o comunes. La bibliografía es enorme, con algunas preguntas sin resolver, al tiempo que las opiniones sobre determinadas teorías difieren.

No podemos ser todos *Newtons*, pero sí tener una mente inquieta y obtener satisfacción al comprender lo que «mueve» las cosas. En algunos casos, encontraremos la respuesta usando principios básicos de la física y una mínima capacidad de resolver problemas. En otros, la respuesta tendrá sentido de inmediato, y lamentaremos no haber pensado en la explicación a su debido tiempo. Por último, habrá unos cuantos en los que la solución será una revelación.

Erwin Brecher

Mike Gerrard

Siempre me han encantado los acertijos de todo tipo, desde crucigramas a novelas detectivescas. Hay algo inmensamente satisfactorio en encontrar la solución con tan solo una pequeña cantidad de información aparentemente inconexa. Por eso creo que siempre me ha fascinado la ciencia. El método científico de proponer hipótesis y comprobarlas después por medio de la experimentación es enormemente atractivo.

Además, resolver un interrogante científico tiene una atracción adicional que ningún novelista de misterio podría igualar. Averiguar que «ha sido el mayordomo» es satisfactorio, pero al fin y al cabo es solo una historia. Sin embargo, resolver un enigma científico te enseña un poco sobre cómo funciona el universo.

Descubrir algo absolutamente nuevo que no se supiese antes debe ser una de las actividades humanas más emocionantes y creativas. Los *Einsteins*, *Newtons*, *Darwins*, y muchos otros, deben haber compartido un sentimiento de euforia increíble al haber logrado sus mentes establecer esa conexión definitiva.

Este libro no pretende equipararse a semejantes ingenios pero sí contribuir a que puedas experimentar una sensación parecida. Podrías encontrar alguna observación que nunca habías considerado por ti mismo, o bien una pregunta que nunca habías pensado hacer.

La respuesta está en algún lugar de tu cabeza; solo necesitas formular tus propios pensamientos para que la solución aflore. El proceso puede ser completamente absorbente, y es el origen de las historias que hablan de profesores distraídos. Arquímedes estaba tan absorto con su problema que sin pensarlo le pidió a un soldado romano invasor que se apartase de la luz, y lo mataron.

Para sacar el máximo provecho de este libro se aconseja no precipitarse a buscar las soluciones; ¡eso arruinaría la diversión! Piensa las cosas. Puede llevarte varios días o incluso deberás iniciar una pequeña búsqueda para decidir cuál crees que será la respuesta. Solo entonces mira la solución. Podrás incluso no estar de acuerdo con lo que decimos, tu solución puede ser superior a la nuestra. ¡Feliz resolución!

Mike Gerrard

ENIGMAS Y ACERTIJOS

Cómo hacer estallar el estéreo

Al instalar mi nuevo equipo de alta fidelidad me he fijado en que las instrucciones hacían hincapié en conectar los cables a ambos altavoces de la misma manera. De hecho, los cables se ajustaban a un código de colores para que fuese difícil equivocarse.

¿Qué pasaría si conectase los altavoces incorrectamente?

Solución en la página 111

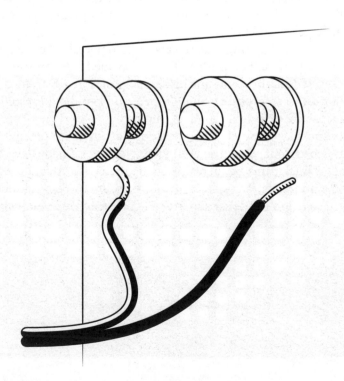

Cómo convertir el rojo en verde

Un diodo emisor de luz (LED) es un pequeño dispositivo en estado sólido que desprende luz cuando una corriente lo atraviesa. Se usa habitualmente en relojes para conseguir una nítida visualización digital de color rojo o, en ocasiones, verde.

Hay un tipo de LED en el mercado que se ilumina en rojo cuando la corriente pasa en una dirección, y verde cuando va en la otra. Una corriente alterna circula rápidamente hacia un lado y después al otro. ¿Cómo sería este Led si se conectase a una fuente alterna?

Solución en la página 111

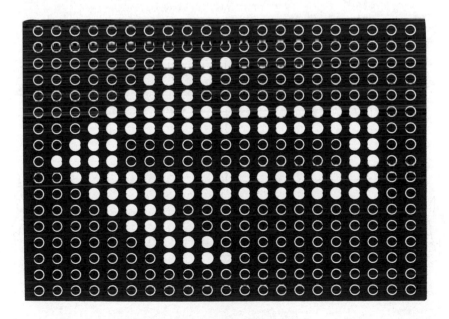

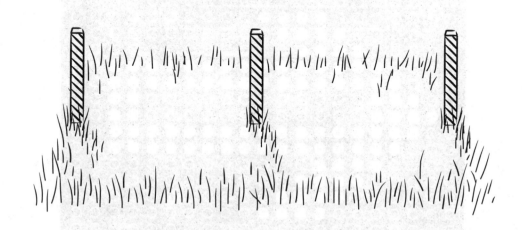

¿Por qué cambia el timbre?

Recientemente he instalado una valla en un terreno. Mientras golpeaba en los postes de la valla noté que había diferencias en el sonido. En el centro del terreno estaba muy lejos de cualquier cosa, y el sonido de los martillazos era apagado y plano. Llegué a la conclusión de que era porque no había nada cerca para que el sonido rebotase. En otra parte del terreno pude oír con nitidez un eco de un edificio cercano.

Sin embargo, en una tercera parte del terreno pude oír un timbre bien diferenciado. ¿Puedes averiguar cuál podría ser la causa de este sonido inconfundible?

Solución en la página 111

¿Por qué no puedo sintonizar la radio?

Conducía por el campo hace poco, mientras escuchaba un programa muy interesante en la radio. Según me iba alejando de un transmisor, la recepción se volvía peor, así que tenía que volver a sintonizar la radio para captar la misma emisora en un transmisor más cercano. Tuve que repetir este proceso varias veces durante el viaje.

Esto impidió que disfrutara del programa. ¿Por qué no se aseguran de que los transmisores que emitan la misma emisora usen la misma frecuencia?

Solución en la página 111

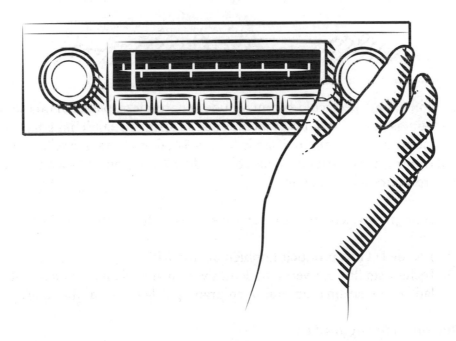

¿Puede la luz de la Luna generar un arcoíris

Los arcoíris, un espectáculo encantador de la naturaleza, plantean una serie de preguntas desconcertantes. Sabemos que se forman cuando las gotas de agua que atraviesan el aire reflejan la luz del Sol, de manera que se crea una curva de luz que muestra todos los colores del espectro en su orden natural. Ahora responde a lo siguiente:

1. ¿Por qué no siempre ves un arcoíris cuando llueve mientras brilla el Sol?
2. ¿Puede la Luna producir también un arcoíris?
3. Incluso sin lluvia, a veces, podemos ver un arcoíris si miramos al otro lado de un jardín o un prado temprano por la mañana. ¿Por qué?

Solución en la página 112

Cómo atenuar la luz de los faros

Muchos de los accidentes nocturnos ocurren por el deslumbramiento de los faros de los coches que se acercan. A mi amigo Jonathan, que se cree un inventor, se le ocurrió la idea de ofrecer una solución eficaz y asequible al problema.

«Debemos introducir filtros polarizadores delante de los faros para polarizar la luz horizontalmente y que todos los fotones cuyos vectores eléctricos sean verticales puedan ser absorbidos. Por otro lado, tenemos que usar parabrisas con un filtro girado 90º, para absorber la luz que emiten los faros». Aparentemente, esta sería la solución perfecta, ya que la luz del coche que se acerca se bloquearía mientras que los demás objetos seguirían siendo visibles.

¿Funcionaría esta idea? Si es así, ¿por qué no se ha puesto en práctica?

Solución en la página 112

Cómo hacer un barco de juguete

Cuando, siendo un niño, construí mi propio barco de vapor para que funcionase en la bañera, estaba emocionado. Fue un diseño mío, que conseguí con unos cuantos trozos de metal y un poco de ayuda paternal, y acabó saliendo algo así:

El principio era simple. La vela calentaba el agua en la caldera y el vapor resultante empujaba por los conductos el agua a presión, propulsando el barco hacia delante. Para mi sorpresa me di cuenta de que, de vez en cuando, el chorro cesaba y el agua se quedaba succionada dentro de los tubos. Yo no entendía por qué pasaba esto y, más sorprendente aún, por qué el barco no iba en dirección contraria, como sugeriría una ley básica de la física (tercera ley del movimiento de Newton: acción = reacción).

¿Lo puedes explicar?

Solución en la página 112

Solución en la página 112

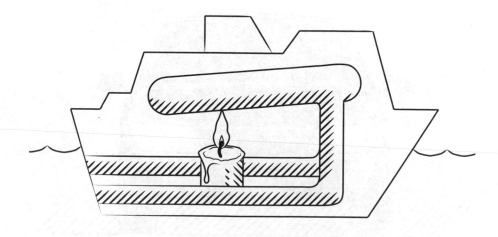

¿Afecta el viento a la mente?

Durante mucho tiempo se ha aceptado que el clima tiene un efecto profundo en el bienestar físico e incluso en el estado de ánimo de la mayoría de la gente. Uno de los fenómenos naturales conocidos es un viento cálido y seco que sopla desde las altas montañas y se precipita en los valles. En los países de habla alemana este viento se llama *foehn*, aunque tiene muchos otros nombres, todos con una cosa en común: seco, caliente y desagradable. El viento *foehn* o su equivalente es considerado responsable de fuertes dolores de cabeza y, en casos extremos, de una conducta delictiva en algunos de los afectados.

¿Cómo puede un viento cálido descender de una montaña fría, alcanzar velocidades de cerca de 130 kilómetros por hora y tener tal influencia sobre tantas personas?

Solución en la página 112

¿Por qué es segura la lámpara de seguridad?

En el siglo XVIII, los mineros corrían un riesgo extremo cuando se exponían a gases explosivos. No fue hasta 1815 cuando Humphrey Davy (1778-1829) inventó una lámpara de seguridad para que se utilizase en las minas de carbón. Una fina red de metal en forma de cilindro cubría la llama expuesta de la lámpara de aceite de los mineros.

¿Impedía la pantalla que los gases explosivos penetraran en la lámpara de seguridad? O, ¿hay una explicación diferente para la efectividad de la lámpara?

Solución en la página 113

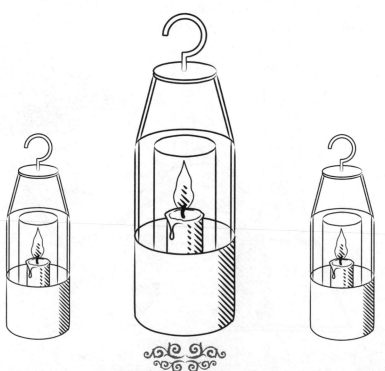

14

¿Puede darme la vuelta un espejo?

A menudo se dice que los espejos invierten izquierda y derecha, pero no arriba y abajo. Piensa cómo un sencillo espejo plano puede:

1. Invertir arriba y abajo.
2. Invertir arriba e izquierda, y abajo y derecha.
3. Invertir arriba y abajo pero no derecha e izquierda.

Solución en la página 113

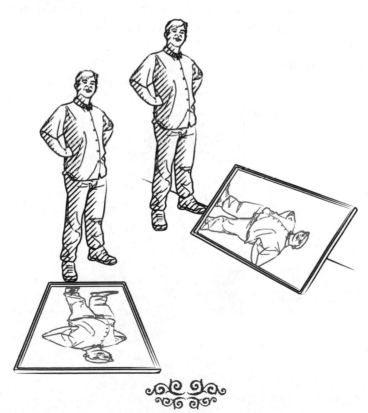

¿Se puede cuadrar un círculo?

La ingravidez prolongada puede tener efectos fisiológicos no deseados en el cuerpo humano y resultar un gran problema en los vuelos espaciales de larga duración. Es bien sabido que hacer rotar la nave espacial produce un efecto muy similar a la gravedad. Así, hemos visto películas de ciencia ficción donde los astronautas viven en residencias circulares que rotan para proporcionar condiciones de gravedad aparentemente normal.

Sin embargo, los seres humanos no estamos acostumbrados a vivir en habitaciones circulares. ¿Cuál sería el efecto si instalásemos a los exploradores espaciales en una habitación rectangular normal que gira alrededor de una línea trazada en el centro del techo?

Solución en la página 113

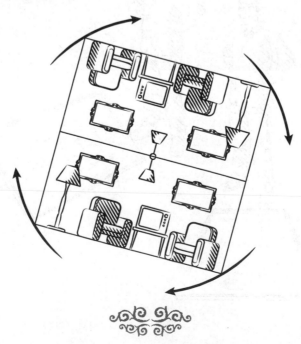

¿Por qué no vemos más eclipses?

Los eclipses solares ocurren cuando la Luna se pone delante del Sol. La Luna tarda cerca de cuatro semanas en orbitar la Tierra. Sin embargo, muy poca gente ha vivido realmente un eclipse total de Sol.

¿Por qué? ¿Por qué no hay un eclipse solar todos los meses?

Solución en la página 113

¿Por qué no estoy flotando?

Un astronauta se despierta en una habitación cerrada donde la gravedad es aparentemente normal. Se da cuenta de que hay tres posibilidades:

1. Está sometido a la gravedad.
2. La nave está acelerando.
3. La nave está creando su propia «gravedad artificial» al rotar.

¿Hay algún experimento que pueda llevar a cabo el astronauta dentro de la habitación para descubrir cuál es la situación real?

Solución en la página 113

Atracción solar

La atracción gravitatoria del Sol sobre la Luna es mucho mayor que la de la Tierra. ¿Por qué entonces el Sol no saca a la Luna de la órbita terrestre?

Solución en la página 114

¿Por qué vuelvo a la Tierra?

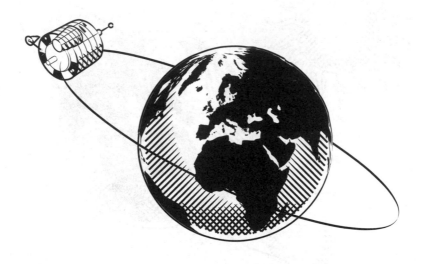

La mayoría de los satélites hechos por el hombre acabarán volviendo a la Tierra porque su órbita se ve afectada por la atmósfera terrestre que, a pesar de ir haciéndose más delgada a medida que aumenta la altura, alcanza el espacio. Sin embargo, el sorprendente efecto de esta resistencia aerodinámica no es, como cabría esperar, frenar el satélite sino acelerarlo en su órbita. ¿Cómo explicas este fenómeno?

Solución en la página 114

¿De qué color es el Sol?

Esto puede parecer muy fácil de solucionar pero, ¿cuántas respuestas diferentes se te ocurren para esta pregunta?

Solución en la página 114

¿Por qué no es todo el cielo tan luminoso como la luz del Sol?

Heinrich Wilhelm Matthaeus Olbers (1758-1840), un astrónomo alemán, formuló la hipótesis de que si el universo fuese infinito y albergara un número infinito de estrellas, entonces todo el cielo sería tan luminoso como la luz del Sol. Al fin y al cabo, el universo observable nos indica que la Vía Láctea es solo una de los cientos de miles de millones de galaxias, con cientos de miles de millones de estrellas en cada galaxia. Por lo tanto, parece inconcebible que sea posible observar un campo visual que no contenga ninguna estrella.

Puedes compararlo con una pizarra en la que te piden que hagas un millón de marcas de tiza. A buen seguro, la pizarra parecería blanca. Entonces, ¿por qué no vemos el cielo intensamente iluminado por la noche?

Solución en la página 115

Solución en la página 115

¿Por qué no me quemo la cabeza?

Después de lavarme el pelo la otra noche, intenté secármelo lo más rápido posible. Por lo tanto, puse el secador a la máxima potencia. Me di cuenta que, aun así, sentía el aire frío en mi cabeza, pero me quemaba las orejas. ¿Por qué?

Solución en la página 115

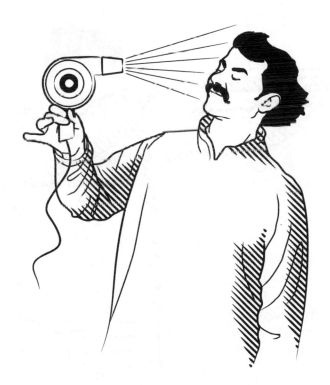

Tan cerca y a la vez tan lejos

Estamos muy acostumbrados a los telescopios y a los prismáticos pero, ¿qué hacen? ¿Hacen que los objetos lejanos se vean más cerca o más grandes?

¿Y una lente de aumento? ¿Hace que las cosas parezcan más grandes o hace algo más?

Solución en la página 115

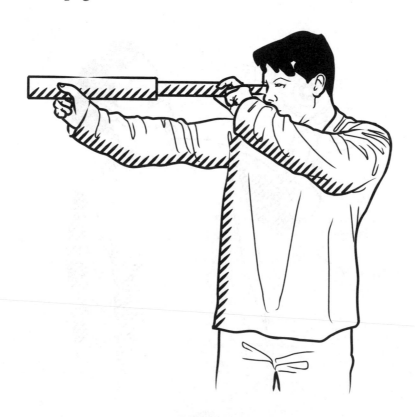

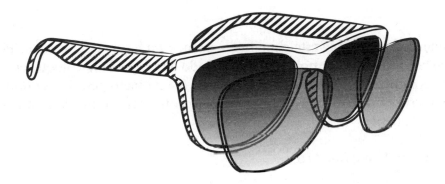

¿Salta a la vista?

Las gafas de sol normales absorben parte de la luz transmitida. Las gafas de sol polarizadas funcionan de manera algo diferente: solo transmiten la luz que vibra en vertical. Como la luz reflejada en carreteras mojadas o en el agua tiende a vibrar horizontalmente, se reduce el brillo de tales superficies. Si llevas puesto un par de gafas de sol polarizadas y sostienes delante otro par de lentes polarizadas giradas 90 grados, estas parecerán negras, porque la luz no puede atravesar ambos cristales.

¿Podrías colocar unas terceras gafas de sol polarizadas entre las dos primeras de tal manera que sea posible la transmisión de algo de luz?

Solución en la página 115

Cómo equilibrar la balanza

La balanza de mi cocina está equilibrada cuando no hay nada sobre ella, pero sé que hay algo que falla porque, dependiendo de en qué lado coloque el objeto a pesar, obtengo resultados diferentes. Si un objeto pesa 100 gramos cuando está en un lado, pero 144 gramos en el otro, ¿es posible determinar el peso verdadero?

Solución en la página 116

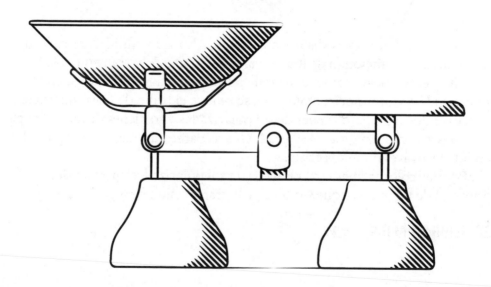

Cómo saber si un huevo está crudo

Tienes un huevo delante. ¿Cómo puedes saber si está cocido o crudo sin, por supuesto, abrirlo?

Solución en la página 116

¿Por qué tiene hoyuelos una pelota de golf?

En los inicios del golf, las pelotas eran lisas. Los agujeros se introdujeron posteriormente, después de que los fabricantes afirmasen que la variedad de diseño con hoyuelos llegaría más lejos. ¿Estaban en lo cierto? Y si es así, ¿por qué?

Solución en la página 116

Cómo refrescarse

Estás en una habitación muy calurosa, con un perfecto aislamiento térmico, herméticamente sellada y que tiene un frigorífico grande. ¿Puedes, más o menos permanentemente, bajar la temperatura de la habitación?

Solución en la página 116

Cómo fabricar una pistola pulverizadora

Cuando éramos niños, y nos divertíamos al incordiar a los adultos rociándolos con agua, usábamos un artilugio como el de la imagen.

Al soplar a través del tubo horizontal, haces que el agua ascienda por el tubo de conducción y salga pulverizada. El mismo principio se utiliza en aerosoles y pulverizadores de pintura.

¿Por qué sube el agua por el tubo, en contra de la gravedad?

Solución en la página 116

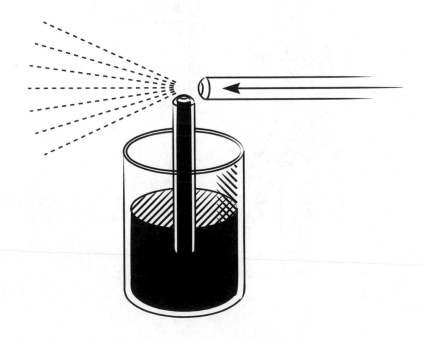

¿Qué hace que el pegamento pegue?

Probablemente dirás que esto es fácil de entender, pero difícil de explicar. Si lo sigues pensando es posible que lo atribuyas a alguna propiedad química del adhesivo. Esto es solo una suposición mal formulada. La respuesta es bastante más compleja. Busca por otro camino.

Solución en la página 116

¿Qué es esa tira?

A menudo habrás visto camiones y coches con una tira o cadena de metal que cuelga de la parte trasera y que se arrastra por el suelo. ¿Qué utilidad tiene? ¿Es eficaz para lo que se supone que debe conseguir?

Solución en la página 117

Cómo conducir sobre hielo

Ser un buen o mal conductor es decisivo a la hora de circular por una carretera en condiciones peligrosas. Supón que está helando y el asfalto está cubierto de una capa de hielo. ¿Puedes responder las siguientes preguntas?

1. Si quieres arrancar el coche y todo lo que tienes para ayudarte es una manta, ¿la usas como base para los neumáticos delanteros o traseros?
2. ¿Pones una marcha corta o larga? ¿Aceleras rápidamente o suavemente?
3. Si consigues moverlo pero el coche empieza a patinar, ¿sigues derrapando o mantienes la dirección?

Solución en la página 117

Cómo hacer flotar un globo

Los globos de hidrógeno se elevan en el aire. Supongamos que queremos un globo que ni se eleve ni se caiga sino que se mantenga a una altura constante. Lo conseguiremos atándole una longitud de cuerda cuyo peso sea capaz de equilibrar la fuerza ascendente. Podemos empezar con un trozo de cuerda demasiado largo y, sucesivamente, ir cortando pedazos hasta que quede equilibrado. El problema es que si cortas demasiado tendrás que empezar de nuevo. ¿Hay una manera sencilla de conseguir el efecto deseado?

Solución en la página 117

Cuando las hojas caen

En las zonas templadas, los árboles de hoja caduca pierden sus hojas en otoño. La causa parece ser la disminución de la longitud de los días, incluso si el tiempo sigue siendo suave.

Seguramente los árboles son los primeros interesados en mantener sus hojas hasta el último momento, en otras palabras, hasta que la temperatura descienda a un nivel peligrosamente bajo. ¿Puedes encontrar una explicación, teniendo en cuenta que la madre naturaleza es una profesional eficiente?

Solución en la página 118

¿Por qué no se mueven las nubes?

Estaba de vacaciones de senderismo cuando me di cuenta de un fenómeno peculiar. Al principio, no supe averiguar qué era aquello que «no iba bien». Estaba caminando por una gran llanura. Al oeste había una cadena de montañas que se extendían de norte a sur hasta donde podía ver. Había un fuerte viento que venía de las montañas.

De repente me di cuenta de lo que me parecía raro. Eran las nubes. Tenían una forma poco habitual; formaban bandas largas y rectas, paralelas a las montañas. Pero la verdadera peculiaridad era que, a pesar del fuerte viento, no parecían estar moviéndose ni un poco. ¿Puedes explicarlo?

Solución en la página 118

Cómo bisecar
un objeto

Supongamos que tenemos un número determinado de objetos planos, cada uno con una forma diferente: cuadrada, circular, etc. Si elegimos cualquiera de estos objetos podemos dibujar su bisectriz. Una bisectriz es una línea recta que divide un objeto en dos mitades. Por supuesto, para cada objeto podríamos dibujar un número infinito de bisectrices. ¿Pasarían necesariamente todas las bisectrices por el mismo punto en cualquier tipo de objeto?

Solución en la página 118

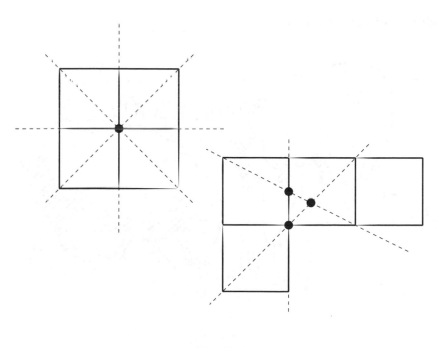

¿Por qué pueden las ovejas seguir comiendo hierba?

Hay muchos ejemplos de dos especies diferentes en una carrera evolutiva: por ejemplo, guepardos y gacelas que van incrementando su velocidad, unos para comer y otros para escapar.

Podríamos suponer que existe la misma competencia entre la hierba y los animales de pastoreo. A lo largo de milenios, ¿por qué no ha evolucionado la hierba para ser indigerible o venenosa para las ovejas, vacas, conejos, etcétera?

Solución en la página 118

Cómo caminar sobre una cuerda floja

Ningún número de circo está completo si no hay un equilibrista. ¿Cómo mantiene su equilibrio y por qué usa una vara larga?

Solución en la página 118

¿Debería correr bajo la lluvia?

Mientras daba una vuelta el otro día, me pilló una tormenta y corrí hacia casa. Justo cuando llegué a la puerta la lluvia paró tan repentinamente como había empezado.

Mientras me secaba, me pregunté si habría llegado tan mojado si no hubiese corrido. ¿Qué opinas?

Solución en la página 118

Cómo conseguir que los neumáticos no se desgasten mucho

Un amigo mío vive al sur de Londres y trabaja en la zona norte. La M25 es la carretera que circunda Londres. Todos los días, mi amigo se dirigía al trabajo por la M25 en dirección este y por la tarde, para cambiar de paisaje, regresaba en dirección oeste. Y, entonces, cayó en la cuenta de que, tanto en el trayecto de ida como de vuelta, era siempre el mismo par de neumáticos el que quedaba en el lateral derecho y eran los que habían rodado más y, por tanto, habían sufrido mayor desgaste. Así que modificó su trayecto y viajó tanto de ida como de vuelta del en dirección este.

Pensando en el asunto con más detenimiento, se dio cuenta de que los carriles de circulación de ida quedaban a la derecha de los carriles de vuelta y viceversa. Por tanto, seguiría habiendo mayor desgaste en los neumáticos del lateral derecho, aunque menos que antes. ¿Estaba en lo cierto mi amigo con su razonamiento?

Solución en la página 119

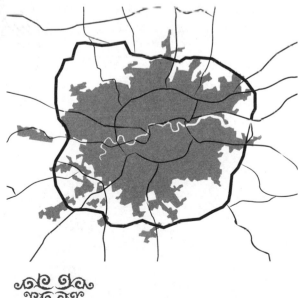

41

¿Por qué no vuelan más bajo los aviones?

Sabemos que a medida que el radio de un círculo aumenta también lo hace su circunferencia. Esto debe significar que cuanto más alto vuele un avión mayor será la distancia que tendrá que cubrir hasta llegar a su destino.

En un vuelo entre Londres y Nueva York un avión de línea tiene que volar 3,2 kilómetros más debido a la altitud alcanzada.

Dejando de lado la congestión del espacio aéreo como un posible argumento, ¿por qué los aviones no vuelan por una ruta más corta, más baja?

Solución en la página 119

Cómo navegar alrededor del mundo

Hace mucho tiempo, dos capitanes de barcos de vela hicieron una apuesta sobre cuál era el camino más rápido para dar la vuelta al mundo, de este a oeste o de oeste a este. Decidieron ponerlo a prueba haciendo una carrera. Así que un día, a la misma hora, zarparon de una pequeña isla, cada uno en una dirección.

Algunos meses más tarde, casualmente llegaron de nuevo a la misma isla exactamente al mismo tiempo. Estaban a punto de cancelar la apuesta cuando compararon los diarios de a bordo y encontraron que había una discrepancia de dos días entre ellos.

¿Es posible tener en cuenta la discrepancia y decidir quién dio la vuelta al mundo más rápido?

Solución en la página 120

¿Se mueve la Tierra?

Los sismógrafos son instrumentos de precisión empleados para detectar terremotos. Se componen de una masa suspendida por resortes. Cuando ocurre un terremoto, la perturbación viaja a través de la Tierra, haciendo vibrar el instrumento. Sin embargo, la masa tiende a no moverse debido a su inercia. Esta diferencia en el movimiento se amplifica y se registra gráficamente como una huella.

¿Puedes explicar por qué la mayoría de los lugares del mundo registran dos huellas para un único episodio sísmico? ¿Puedes también explicar por qué algunos lugares detectan solo una?

Solución en la página 120

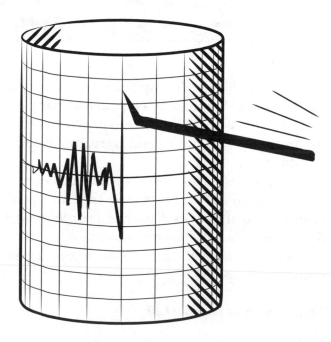

Cómo reventar un barril

Había un truco en la época victoriana que era muy popular. Se llenaba un barril con agua y se acoplaba en su parte superior un tubo largo y delgado que, al comienzo del truco, estaba vacío. Vertiendo una cantidad muy pequeña de agua en este tubo se podía hacer estallar el barril, lo que demuestra que las pequeñas causas pueden tener efectos muy drásticos.

Supongamos que se necesitara una jarra de agua para el truco. Si se hubiera utilizado un tubo más estrecho con la mitad de calibre, ¿qué cantidad de agua se habría necesitado?

Solución en la página 120

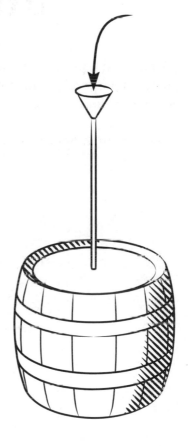

¿Por qué no cae la nieve de manera uniforme?

¿Te has fijado que la cantidad de nieve que se amontona alrededor de los postes es proporcionalmente mucho mayor que la que se deposita en los laterales de los edificios? ¿Por qué?

Solución en la página 120

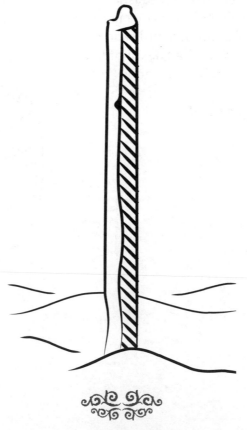

Cómo disparar
en línea recta

Estás en Greenwich, en lo más alto de un edificio de gran altura, de pie y con un rifle de largo alcance y alta potencia, perfectamente alineado. Estás intentando dar a un poste eléctrico en Louth, Lincolnshire ¡a más de 200 km de distancia! Supón que puedes ver el objetivo a través de la mira telescópica del rifle. ¿Apuntarías directamente al objetivo, a la izquierda, o la derecha?

Para darte una pista, tanto Greenwich como Louth están en el meridiano 0°.

Solución en la página 120

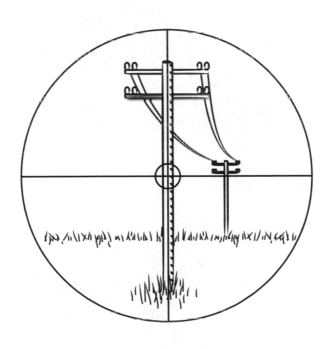

Cómo beber del hielo

Hay muchas historias de náufragos que mueren de sed o que se vuelven locos por beber agua de mar. Los esquimales carecen de una fuente de agua dulce. ¿Tiene sal el hielo polar? Y si es así, ¿cómo afrontan el problema los esquimales?

Solución en la página 121

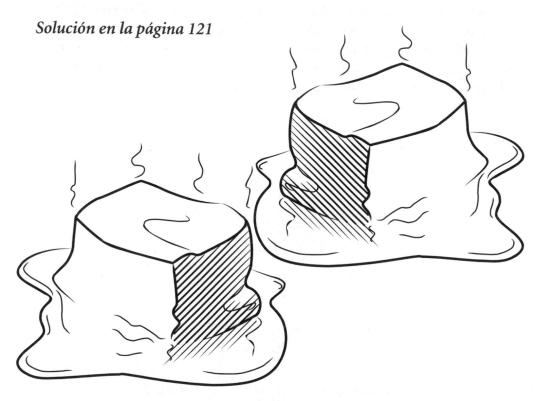

¿Por qué vuelven los búmeran?

El búmeran es un proyectil principalmente utilizado por los aborígenes australianos. Aunque originalmente se usaba como arma recientemente el lanzamiento de búmeran se ha convertido en deporte. Se sostiene generalmente de forma vertical en la mano derecha, aunque algunos están diseñados para usuarios zurdos. El aspecto fascinante de esta arma es su capacidad para regresar a las manos del lanzador.

¿Puedes explicar este fenómeno?

Solución en la página 121

¿Cómo evitábamos los misiles en la Segunda Guerra Mundial?

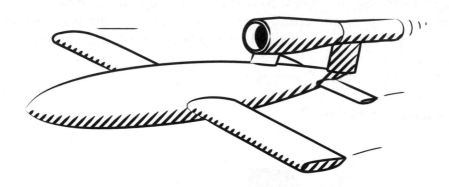

Aquellos que vivimos en Gran Bretaña durante la Segunda Guerra Mundial recordaremos, sin mucha nostalgia, los misiles V-1 y V-2 que sustituyeron a los bombarderos, que se habían vuelto muy caros para los alemanes en términos de pérdidas de hombres y aviones.

Está en la naturaleza del hombre ser capaz de adaptarse. Pronto descubrimos que los V-1 no presentaban ningún peligro siempre y cuando pudieses oírlos. Sin embargo, en cuanto se detenía el zumbido del motor era aconsejable meterse debajo de la cama. ¿Por qué esta estrategia no servía para el V-2?

Solución en la página 121

Cómo gobernar
un barco

¿Puedes gobernar un barco en un lago totalmente en calma y sin remos? ¡La respuesta tiene que ser no!

Supón que las circunstancias son las mismas excepto que tu barco flota a la deriva en un rápido. ¿Puedes, en este caso, obedecer al timón?

Solución en la página 121

¿Puedes volar más rápido que el sonido?

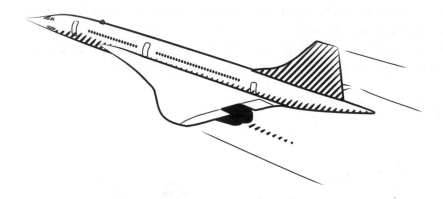

Incluso si nunca llegaste a volar en un Concorde, ese ingenioso producto de la tecnología anglo-francesa, probablemente sabrás que este es el único avión supersónico que ha existido para uso comercial. También es posible que conozcas que el Mach 1 equivale a la velocidad del sonido.

Ahora responde las siguientes preguntas:

1. ¿Escucharías el estampido sónico cuando, viajando en el Concorde, alcanzases Mach 1?
2. ¿Es siempre la misma la velocidad de avance del Concorde cuando el avión rompe la barrera del sonido?

Solución en la página 122

¿Por qué el Valle de la Muerte es tan caluroso?

El Valle de la Muerte es una región deprimida y desértica situada al sureste de California. La mayoría del valle está por debajo del nivel del mar y tiene la distinción de ser el lugar más caluroso del mundo. En 1913 se registró una temperatura de 56°C, la más alta hasta ese momento.

La física elemental nos ha enseñado que el aire caliente se eleva y el frío desciende. Por lo tanto, ¿no sería de esperar que el Valle de la Muerte fuese frío o moderadamente templado, teniendo en cuenta además que está casi completamente cercado por una cadena montañosa?

Solución en la página 122

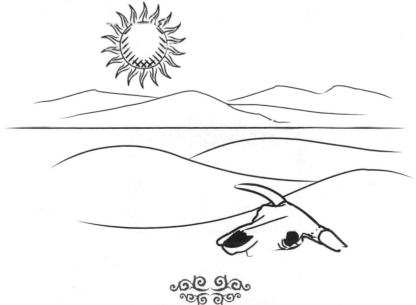

El enigma del Canal de Panamá

La construcción del canal de Panamá es considerada uno de los grandes logros técnicos de todos los tiempos. Fue terminado antes de lo previsto y, para el verano de 1914, estaba ya en pleno funcionamiento. Con el mapa del mundo en mente, uno no tendría ninguna duda de que el canal se extiende de oeste a este. Sorprendentemente, el Pacífico se introduce más al este de lo que lo hace el Atlántico.

Hay algunos otros aspectos interesantes que invitan al lector a encontrar una respuesta:

1. En la última esclusa, una vez abierta la compuerta, los barcos saldrán al mar sin remolcador y sin utilizar su propia energía. ¿Qué hace que se mueva?
2. Suponemos que los niveles de agua en el Atlántico y el Pacífico son los mismos. Sin embargo, en algunas ocasiones existe una diferencia de hasta 30 centímetros. ¿Por qué no coinciden los niveles de ambos océanos?

Solución en la página 122

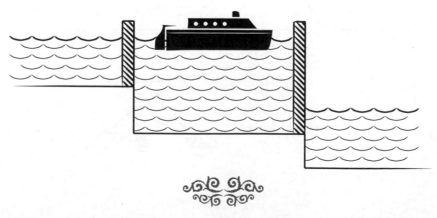

Globo en la bañera

Mantenemos debajo del agua un globo lleno de aire sujeto a un peso, de tal manera que esté a punto de hundirse; la parte superior del globo roza la línea del agua. Si sumergimos el globo (tal y como se muestra en la ilustración), ¿qué ocurrirá? ¿Regresará a la superficie?; ¿permanecerá al mismo nivel?; o ¿se hundirá hasta el fondo?

Solución en la página 122

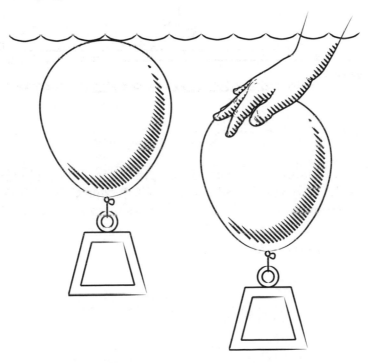

¿Por qué no se posan los submarinos?

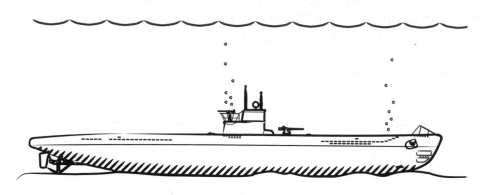

El capitán de un submarino intentará siempre evitar que su submarino se pose en la arcilla o arena del fondo oceánico. Sabe que si esto ocurre, puede ser funesto. ¿Por qué?

Solución en la página 122

¿Funciona un ascensor de arranque?

Estudia el dibujo cuidadosamente. ¿Puede el hombre impulsarse hacia arriba y despegar el bloque del suelo al mismo tiempo?

Solución en la página 123

¿Se mueve el globo?

Un niño está sentado en el asiento trasero del coche y sujeta un globo de helio atado con un cordel. Todas las ventanas están cerradas. En el momento en que el coche acelera, ¿el globo se inclina hacia delante, hacia atrás, o se queda en el mismo sitio?

Solución en la página 123

¿Puedes hacer un barco de tierra firme?

Muchos turistas de cruceros sufren la desagradable sensación de cabeceo y bamboleo en un mar agitado. Los marineros no tienen más remedio que acostumbrarse o buscarse otro trabajo.

En tierra firme, se puede lograr una sensación similar acoplando ruedas ovaladas a un vehículo. Este tipo de ruedas lo haría balancearse hacia atrás y hacia delante. Pero, ¿es posible hacer que el vehículo también «se balancee»? Y, si es así, ¿cómo?

Solución en la página 123

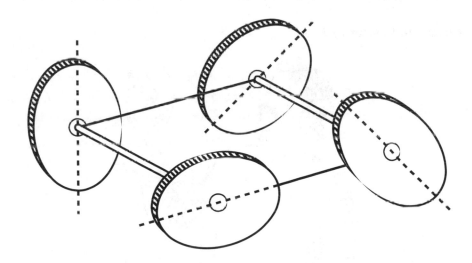

¿Qué hace que un espejo refleje?

¿Por qué un espejo invierte solo izquierda y derecha, pero no arriba y abajo? Después de todo, si hablamos de un espejo plano, que tiene una superficie perfectamente lisa, los lados izquierdo y derecho no se diferencian en nada de sus superficies superior e inferior. ¿Por qué entonces esta preferencia persistente por cambiar izquierda y derecha, haciendo caso omiso del arriba y abajo? ¿Puedes explicar este fenómeno?

Aunque esta pregunta es, en efecto, desconcertante, sabemos intuitivamente que no podría ser de otra manera. Recuerda, estamos hablando del espejo ordinario, ya que es posible construir espejos que no inviertan izquierda y derecha, así como otros que inviertan arriba y abajo.

Solución en la página 123

El alto mástil

Joan y Jean salen a navegar en un pequeño bote cuando Jean recuerda una cita importante. Joan sugiere coger un atajo para volver al puerto y ahorrar tiempo. En el camino, llegan a un puente peatonal y se dan cuenta de que el mástil supera ligeramente la altura del puente. ¿Cómo se las arreglarán para pasar rápidamente por debajo del puente y que Jean llegue a su cita? (No pueden acortar el mástil).

Solución en la página 123

El espectro

Una de las primeras lecciones de arte que aprendemos en el colegio es que podemos obtener el color verde mezclando amarillo y azul. Por otra parte, curiosamente, si proyectas sobre una pantalla luz amarilla y azul, a través de las láminas de gelatina apropiadas, obtienes luz blanca.

¿Se te ocurre una explicación?

Solución en la página 124

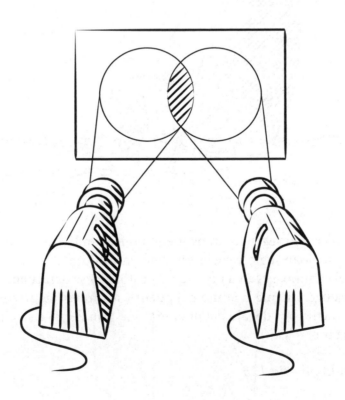

Cómo abrir un frasco de cristal

A menudo las personas que utilizan frascos de perfume con tapones de vidrio no pueden quitarlos fácilmente sin recurrir al uso de la fuerza y, por tanto, es posible que acaben rompiéndose. Colocarlos bajo un grifo de agua caliente no funciona. Sin embargo, hay un método sencillo que siempre tiene éxito. ¿Cómo resolverías este problema?

Solución en la página 124

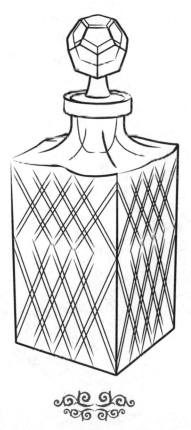

Cómo hacer que un camión vuele

Existe una historia bastante conocida, probablemente apócrifa: un camión lleno de aves de corral se detiene al llegar a un puente. Le preguntan al conductor, que está golpeando el lateral de la camioneta con un palo, qué está haciendo y él explica que su carga es demasiado pesada para el puente y que está intentando espantar a las aves para que echen a volar y así aligerar su carga antes de continuar.

Esto nos sugiere el siguiente enigma. Una jaula con un pájaro dentro, posado en un columpio, pesa 1,81 kilos. ¿Pesará menos la jaula si el pájaro permanece volando en vez de quedarse quieto en el columpio? Sin olvidar el hecho de que si dejamos a un pájaro en una caja sin ventilación durante mucho tiempo morirá, ¿sería diferente la respuesta si sustituimos la jaula por la caja hermética?

Solución en la página 124

El agujero que atraviesa la Tierra

Supongamos que perforamos un agujero en un punto del globo, que atraviesa el centro de la Tierra y llega hasta las antípodas, tal y como se ilustra, y que dejamos caer por él una canica de acero (punto A).

Ignorando cualquier influencia externa como la resistencia del aire, la fricción o las condiciones del núcleo terrestre, responde a las siguientes preguntas:

1. En el trayecto que va del punto A al centro de la Tierra, la velocidad de la canica, ¿aumenta, disminuye, o permanece estable?
2. ¿Pesará más o menos la canica al llegar al centro de la Tierra?
3. ¿Variará la masa de la canica en el trayecto?
4. ¿En qué punto alcanzará la canica un estado de gravedad cero?
5. Si la canica cayese por un agujero cilíndrico similar al anterior que atravesase el centro de la Luna, ¿llevaría el trayecto de ida más o menos tiempo que si lo recorriese en la Tierra?

Solución en la página 124

65

Plumas y oro I

¿Qué pesa más, una onza de plumas o una onza de oro?

Solución en la página 125

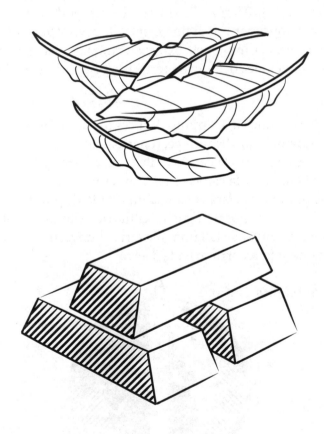

La balanza
semioculta

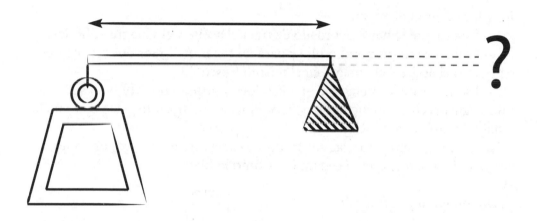

La línea horizontal es una barra ingrávida, en equilibrio sobre un punto de apoyo F, y de longitud desconocida a la derecha de F. La parte visible mide 30 cm de largo, y soporta un peso de 454 gramos. Además de ser ingrávida, la barra es capaz de soportar cualquier peso y, puesto que está en equilibrio, tiene que haber un peso a la derecha. Cuanto más lejos esté el segundo peso a la derecha, menos pesará. ¿Cuáles son los límites inferior y superior del total de la fuerza hacia abajo posible en F?

Solución en la página 125

Cómo aliñar
la ensalada

Jill y Joe salieron de picnic.

—Espero que te hayas acordado de traer el aceite y el vinagre –dijo Joe.

—Claro que sí –respondió Jill– y para no tener que traer dos recipientes he puesto el aceite y el vinagre en el mismo frasco.

—Eso no es muy inteligente –replicó Joe– porque, como tú bien sabes, a mí me gusta echar mucho aceite y poco vinagre, pero a ti te gusta con mucho vinagre y casi nada de aceite.

Jill suspiró, y empezó a servir del frasco exactamente las proporciones de aceite y vinagre que quería cada uno. ¿Cómo lo hizo?

Solución en la página 125

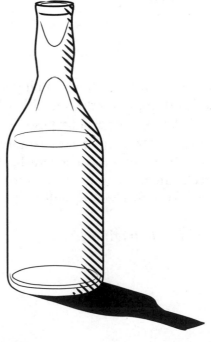

El rompecabezas del reloj de arena

A veces es posible encontrar un juguete poco corriente en las tiendas: un cilindro de vidrio lleno de agua, con un reloj de arena flotando en la parte superior.

Cuando se le da la vuelta al cilindro, como en el dibujo de la derecha, ocurre algo bastante extraño. El reloj de arena permanece en la parte inferior del cilindro hasta que una cierta cantidad de arena pasa del compartimento superior al inferior; entonces, comienza a elevarse lentamente hasta la parte superior del cilindro. ¿Puedes encontrar un razonamiento sencillo que explique este fenómeno?

Solución en la página 125

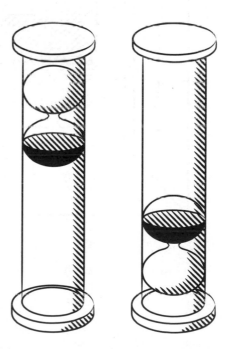

69

¿Se puede hacer estallar una habitación?

Estás en una habitación llena al 100% de gas metano. ¿Qué pasaría si prendes una cerilla?

Solución en la página 126

Contador de revoluciones

Si una bicicleta con ruedas iguales tiene un contador de revoluciones en cada una, ¿por qué la delantera tiende a dar una lectura mayor?

Solución en la página 126

¿Se puede propulsar un bote con una cuerda?

Supongamos que hemos atado una cuerda a la popa de un pequeño bote que flota en aguas tranquilas. ¿Podría una persona de pie en el bote impulsarlo hacia adelante, tirando del extremo libre de la cuerda?

Consideremos ahora una cápsula espacial a la deriva en el espacio interplanetario. ¿Se podría propulsar de forma similar?

Solución en la página 126

¿En cuántos pedacitos se puede romper una carta?

En la práctica es imposible pero vamos a suponer que se puede romper una carta en dos: juntamos las mitades y volvemos a rasgar (ya tenemos cuatro pedazos); volvemos a juntar y rasgamos nuevamente y así hasta hacerlo 52 veces.

¿Crees que el montón alcanzaría 10 kilómetros de alto o que no llegaría?

Solución en la página 126

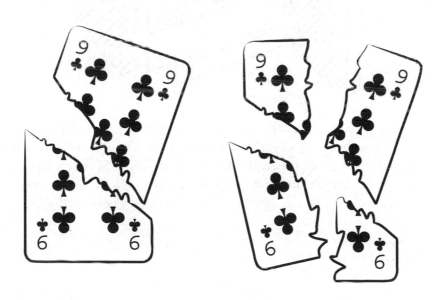

La luz fantástica

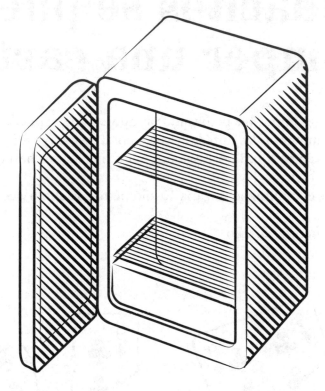

Imagina dos habitaciones a oscuras bañadas en una luz amarilla. Si cogemos un trozo de papel blanco y lo examinamos en ambas habitaciones veremos que ofrece exactamente la misma tonalidad de amarillo. Si cogemos otro trozo de papel distinto comprobaremos que en una de las habitaciones se ve negro mientras que en la otra aparece con rayas rojas y verdes. ¿Cómo puede ser esto?

Solución en la página 126

¿Por qué solo sobreviven los caballos blancos?

Uno de los grandes logros intelectuales de todos los tiempos es la teoría de la selección natural de Darwin. No puede haber muchos adultos en el mundo civilizado que no hayan oído hablar de Charles Darwin (1809-1882) o de su *El origen de las especies* y su frase «supervivencia del más apto». Entendemos por qué los osos polares son blancos y los saltamontes verdes. Algunos de nosotros sabemos incluso que los animales sobreviven si son capaces de adaptarse a su entorno. Esta adaptación es solo posible si se dan mutaciones genéticas aleatorias o para aquellos miembros de una especie cuyas características les confieren mayor capacidad para lidiar con los peligros del entorno.

Un notable ejemplo del funcionamiento de la teoría de Darwin es la historia de los caballos de la Camarga, el área que ocupa el delta del Ródano en Francia. Originalmente, los caballos recorrían la zona en manadas multicolores, pero con el tiempo solamente los caballos blancos sobrevivieron. ¿Puedes explicar este extraño fenómeno?

Solución en la página 127

Cómo vuela
un helicóptero

Todos estamos más o menos familiarizados con esta aeronave más pesada que el aire, que es propulsada por uno o más rotores horizontales que le permiten despegar y aterrizar verticalmente, moverse en cualquier dirección, o quedar sostenido en el aire sin desplazarse. Sin embargo, puede que no te hayas fijado en el pequeño rotor de su cola. ¿Es importante? ¿Cuál crees que es su función?

Solución en la página 127

El vaso de precipitados

En el diagrama de abajo aparece representada una barra de hierro cilíndrica, de un centímetro cuadrado en la sección transversal, suspendida verticalmente sobre un vaso de precipitados. El vaso es de dos centímetros cuadrados en la sección transversal y está parcialmente lleno de agua. La barra solo llega a rozar la superficie del agua. El vaso ocupa la bandeja derecha de una balanza. La bandeja izquierda contiene un vaso vacío y gramos de peso suficientes para equilibrar la balanza. Se añade al vaso de la derecha un centímetro cúbico de agua. ¿Cuánta agua debería añadirse al vaso de la izquierda para que la balanza recupere el equilibrio?

Solución en la página 127

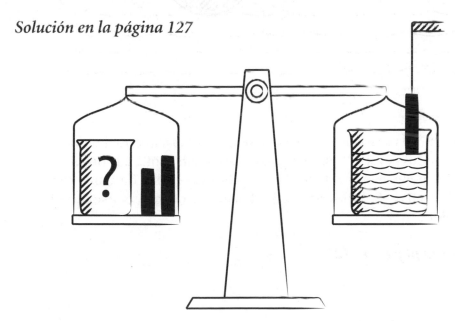

Gotas y burbujas

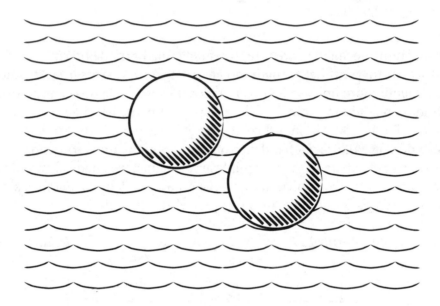

Según la ley de la gravedad de Newton, si todo el espacio estuviese vacío excepto por dos gotas de agua, las gotas se atraerían la una a la otra.

Ahora supongamos que todo el espacio estuviese lleno de agua excepto por dos burbujas. ¿Se repelerían las burbujas, se atraerían, o no ocurriría nada de esto?

Solución en la página 127

¿Por qué no se puede copiar un billete?

Es ilegal hacer una fotografía a un billete, incluso si no tienes intención de ponerla en circulación. Sin embargo, está permitida su reproducción en la pantalla de un televisor.
¿Por qué?

Solución en la página 127

La cuerda y la polea

El diagrama muestra una cuerda que pasa por una polea sin fricción. Hay un peso suspendido en un extremo, que equilibra con exactitud al hombre situado en el otro extremo. ¿Qué le ocurriría al peso si el hombre intentase trepar por la cuerda? Supongamos que la cuerda es ingrávida y que la polea no tiene fricción.

Solución en la página 127

El tanque

Se ha llenado totalmente de agua un tanque de cristal. A continuación, en la parte inferior, se ha fijado una esfera de corcho atada con un cordel para evitar que se separe mientras que, en la parte superior, se ha asegurado una esfera de acero que cuelga también de un cordel. Las longitudes de los cordeles son tales que la esfera de acero cuelga justo por encima de la esfera de corcho.

¿Qué pasa si desplazamos repentinamente el tanque hacia la derecha?

Solución en la página 127

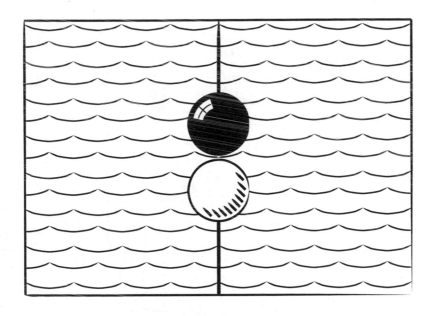

¿Se puede parar un eco?

Cuando algo hace un ruido fuerte entre nosotros y la fachada de una casa o de un acantilado escuchamos ese algo y su eco. ¿Qué oiríamos si la fuente de sonido estuviera tocando la superficie?

Solución en la página 128

La botella y la moneda

A continuación mostramos un conocido truco de salón acompañado de una ilustración:

Se coloca una pequeña moneda sobre una tarjeta (por ejemplo, una tarjeta de visita o de negocios) y se apoya en la boca de una botella. Si retiramos con rapidez la tarjeta, la moneda cae dentro de la botella.

¿Puedes explicar por qué esto es así?

Solución en la página 128

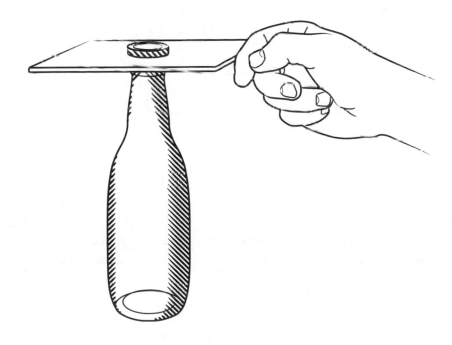

Arena en la playa

Caminas por la playa; hay marea baja y la arena está firme y húmeda. A cada paso la arena que rodea tu pie se seca y se vuelve blanca. ¿Por qué? La respuesta más socorrida, mi peso «exprime el agua», es incorrecta: la arena no se comporta como una esponja. Entonces, ¿qué la vuelve blanca?

Solución en la página 128

¿Qué hay en la caja?

La caja de la ilustración está apoyada encima de una mesa y sobresale del borde un poco más de la mitad de su anchura. Permanece en esa posición gracias a que tiene algún peso en su interior. Si golpeamos la mesa verticalmente, la caja cae. ¿Qué contiene la caja? Su contenido puede encontrarse en la mayoría de las casas.

Imagina una caja similar, pero que sobresalga del borde de la mesa menos de la mitad. En este caso la caja caerá sin necesidad de golpear, tocar, o aplicarle presión a ella o a la mesa, tan solo con dejar pasar el tiempo. ¿Cómo? ¿Qué hay en la caja?

Solución en la página 128

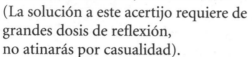

Quito

Deja de lado tu incredulidad ahora y concéntrate en este muy intrigante rompecabezas. ¿Cuánto pesaría aproximadamente una mujer que viviese en Quito, Ecuador, si midiese 70.800 kilómetros de altura? ¿Equivaldría su peso a unas mil toneladas, más o menos?
(La solución a este acertijo requiere de grandes dosis de reflexión, no atinarás por casualidad).

Solución en la página 128

Cómo meter un huevo en una botella

Introducir objetos grandes dentro de botellas se ha convertido en un arte. Parece tan imposible como pasar un camello por el ojo de una aguja, pero estos objetos incluyen desde peras, flechas y barcos. Se usan varias técnicas que pueden variar dependiendo del objeto.

Nuestro rompecabezas es un clásico: un huevo duro en una botella de leche.

El método es bastante conocido. Primero introducimos un trozo de papel y una cerilla encendida en la botella y, a continuación, colocamos un huevo duro pelado en el cuello de la botella. El oxígeno consumido por el fuego crea un vacío parcial y la presión atmosférica empuja el huevo dentro de la botella. Después de sacar las cenizas y la cerilla de la botella, puedes hacer una reverencia.

Pero, ¿se puede hacer lo mismo sin pelar el huevo?

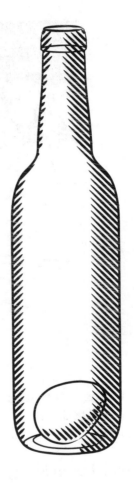

Solución en la página 128

¿Cómo causa la Luna las mareas?

El movimiento de la Tierra y la Luna causa las mareas, y el chapoteo incesante de las mareas está teniendo un efecto sobre el movimiento de la Tierra. ¿Qué está pasando?

Solución en la página 129

Cómo fotografiar la Luna

Si quieres hacer una foto de la Luna llena y obtener la mayor imagen posible, ¿debes tomar la foto justo cuando está en su punto más alto, por encima de tu cabeza (y, por tanto, en el punto más cercano a tu posición en la Tierra), o cuando está próxima al horizonte? Casi todo el mundo dice que la Luna es más grande cuando se encuentra próxima al horizonte. ¿Es un efecto atmosférico o psicológico? ¿Se percibe en las fotografías?

Solución en la página 129

Un viaje a la estrella más cercana

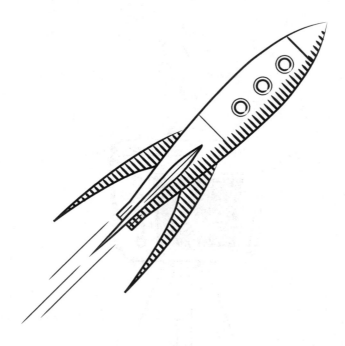

La estrella más cercana a la Tierra es Alfa Centauri, que está a unos 4,3 años luz de distancia. Suponiendo que podamos viajar a la velocidad de la luz, ¿qué determina la cantidad de tiempo que necesitarían nuestros intrépidos viajeros para llegar hasta ella?

Solución en la página 129

¿Qué hay en el centro de un arcoíris?

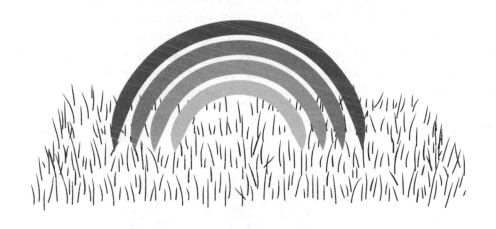

El arcoíris es uno de los espectáculos de la naturaleza más gratificantes. Ocurriendo como ocurre cuando la luz del Sol atraviesa pequeñas gotas de agua suspendidas en la atmósfera, como después de una tormenta de verano, el arcoíris es un símbolo universal de optimismo. A menudo pensamos en un arcoíris como un arco, redondeado por arriba y con dos patas, solo porque las gotas de agua rara vez se ven por debajo del horizonte. Puedes ver arcoíris totalmente circulares si estás cerca de una catarata o de un aspersor de riego, o si tu punto de observación está «por encima del tiempo», como en un acantilado o la azotea de un edificio. Cuando veas un arcoíris imagina que extiendes la curvatura del arco hasta conseguir un círculo. ¿Qué verás, entonces, en el centro del círculo?

Solución en la página 129

Escalar la montaña

Estábamos escalando la montaña y, según íbamos subiendo parecía que iba haciendo más y más frío. John dijo que se debía a nuestra mayor exposición a los vientos fríos. Bob afirmó que tenía que ver con que la atmósfera estaba enrarecida. Tom aseguró que todo era producto de nuestra imaginación y que, puesto que estábamos más cerca del Sol, en realidad debería hacer más calor. Bill indicó que se debía a que estábamos más alejados del centro de la Tierra que, como todo el mundo sabe, está caliente. ¿Qué opinas tú?

Solución en la página 129

El sentido defectuoso

Los cinco sentidos a través de los cuales percibimos el mundo (vista, olfato, gusto, oído y tacto) son, junto con el cerebro, una complejísima red de comunicación no igualada por ningún sistema informático creado por el hombre. Sin embargo, unos de nuestros sentidos está defectuoso, y es este defecto el que nos permite disfrutar de una actividad de ocio que domina el día a día de mucha gente. ¿Cuál es?

Solución en la página 129

¿Sabes hacer ondas?

Hacer rebotar un guijarro sobre la superficie del agua es una cuestión de destreza. Es difícil medir la trayectoria de un guijarro a través del agua, pero si lanzamos una piedra en la orilla, y la hacemos rebotar sobre la arena mojada, dejará marcas que tracen su camino. El salto es sorprendentemente complejo. Los saltos largos de varios centímetros se alternan con saltos cortos de unos pocos milímetros, y los culebreos se suceden. Un lanzamiento con la mano derecha, y con el agarre adecuado, debe girar en sentido horario y golpear la arena primero con su borde posterior. ¿El primer salto será corto o largo? ¿Irá hacia la izquierda o hacia la derecha?

Solución en la página 130

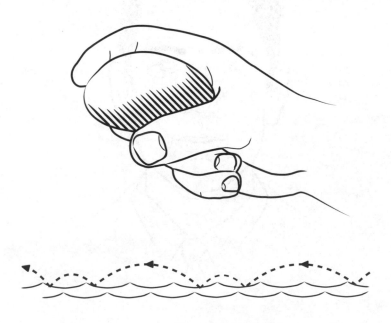

Rayos del Sol

Cuando las condiciones son adecuadas, los rayos del Sol son proyectados en el cielo desde detrás de una nube distante o de una montaña. Los meteorólogos los llaman rayos crepusculares. Siempre se abren en abanico desde un punto que parece estar justo detrás del obstáculo.

Pero, un momento, ¿no se supone que los rayos del Sol son paralelos cuando llegan a la Tierra? ¿Cómo pueden una nube o una montaña hacer divergir los rayos de esa manera?

Solución en la página 130

La estación espacial

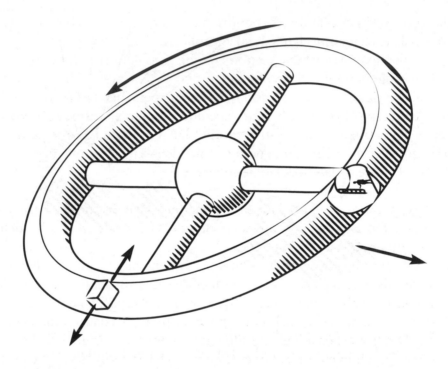

La ingravidez en un vehículo espacial es muy molesta para un astronauta en muchos aspectos. Por ejemplo, no puede verter líquido en un vaso, ni beber de él: el movimiento controlado solo es posible mediante el uso de pasamanos, etcétera.

Se ha sugerido que las estaciones espaciales del futuro pensadas como observatorios tripulados o como puntos de escala para la exploración espacial podrían ser construidas, tal y como se ilustra, en forma de enormes

ruedas con llantas huecas, que se pondrían en marcha en rotación de modo que el borde exterior, que actúa de suelo, aplicaría una fuerza centrípeta radial a los ocupantes o a cualquier objeto que se alojara en su interior y los mantendría moviéndose en círculos.

La reacción igual y opuesta a esta fuerza centrípeta, que todas las personas y objetos ejercen sobre el suelo, actuaría como un peso artificial, permitiendo comer, beber, y trabajar con relativa comodidad. La cuantía de este peso podría equivaler o ser inferior al peso normal de la Tierra simplemente mediante el ajuste de la velocidad de rotación...

1. ¿Qué pasaría con el peso de un astronauta si tuviera que dar la vuelta a la estación espacial en la dirección de su rotación y luego dar la vuelta y caminar en la dirección opuesta?

2. Ahora supongamos que estás en una pequeña habitación sin ventanas en la misma estación espacial después de sufrir un ataque de amnesia. En otras palabras, no recuerdas que estás en el espacio. La velocidad de rotación alrededor del centro produce una gravedad simulada de 1 g. Dentro de la habitación todo parece «normal» –la gravedad parece estar operando en ti exactamente como lo haría en la Tierra. De hecho, tus sentidos te dicen que estás en la Tierra.

En tu bolsillo tienes un imán, un trozo de cuerda, algunas monedas, un lápiz y un clip de acero. De repente te asalta la duda de dónde estás. ¿Hay alguna prueba que pudieras hacer en la habitación, usando uno o más objetos de tu bolsillo, que confirmase que estás en una estación espacial giratoria y no en la Tierra?

Solución en la página 130

¿Un terreno de juego igualado?

El terreno de juego de la Copa Mundial de Fútbol se construyó meticulosamente para ser un plano perfecto. Durante el himno nacional los 22 jugadores, el árbitro y los 4 linieres estaban en posición de firme. Sin embargo, no era probable que ninguno de ellos, excepto a lo sumo uno, estuviesen realmente derechos. Explícalo.

Solución en la página 130

Cómo saber si es ácido o alcalino

El papel de tornasol es ampliamente utilizado para experimentos de laboratorio. Consiste en un papel absorbente impregnado con un tinte, y es el más antiguo de los indicadores ácido-base. Sumergido en una solución ácida se vuelve rojo mientras que en una solución alcalina se vuelve azul.

Si no pudieses usar el papel de tornasol, ¿conoces algún producto natural que logre el mismo propósito?

Solución en la página 130

¿Cuál es la mejor manera de construir un puente de ladrillos?

Un campesino quiere construir un puente hecho de ladrillos, sobre un riachuelo. Su hijo, un estudiante de arquitectura, sugiere dos diseños, tal y como mostramos:

1. ¿Qué diseño puede soportar vehículos pesados?
2. ¿Cuál necesitará de más material para su construcción?

Solución en la página 131

¿Whisky y soda?

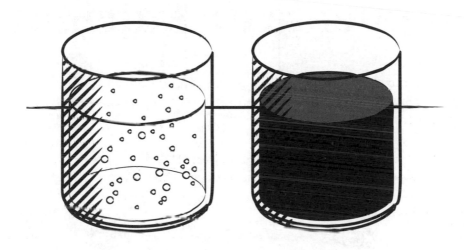

Tienes dos vasos, uno con un cuarto de agua con gas y otro con un cuarto de whisky. Coge una cucharada de agua con gas, échala en el whisky, y mézclalo bien. A continuación, coge una cucharada de la mezcla y viértela, a su vez, en el vaso de agua con gas. ¿La cantidad de agua con gas en el whisky es mayor, menor o igual a la cantidad de whisky en el agua con gas?

Solución en la página 131

¿Puedes ver en 3D?

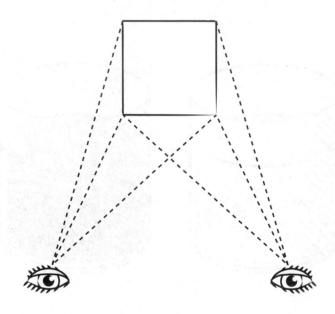

Los estereogramas de puntos tienen patrones específicamente diseñados, generalmente impresos en color, que ofrecen una ilusión de profundidad 3D interesante. Una vez que el espectador ha dominado la técnica, el efecto es espectacular.

Por supuesto, una cosa es disfrutar de las imágenes, y otra entender cómo funcionan. ¿Puedes buscar una explicación para el efecto 3D de los patrones, y probar que tu teoría es correcta?

Solución en la página 131

La carretilla

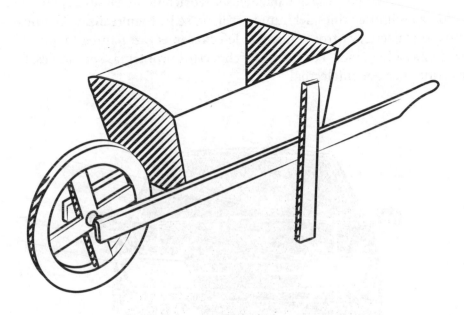

¿Qué es más fácil, empujar una carretilla o tirar de ella?

Solución en la página 132

FÍSICA CON UN TOQUE DIVERTIDO

❧❧❧❧❧

Esta SECCIÓN incluye ideas que pueden ser teóricamente factibles pero que, debido a las limitaciones del mundo real, no se pueden realizar. Algunos ítems son falacias, y otros contienen defectos en el razonamiento que son demasiado obvios. Por todo lo dicho, estos problemas son un desafío divertido más que intelectual.

¿Correo aéreo?

Cuando se envía un paquete, hay que pagar más si el paquete es más pesado. Hay una tarifa de precios según el peso del paquete. La oficina de correos tiene derecho a cobrar de acuerdo a la masa del paquete. Sin embargo, me he dado cuenta de que las máquinas utilizadas son balanzas de resorte, que miden el peso en lugar de la masa.

Esto significa que podría usar el siguiente sistema. Cuando quisiese enviar un objeto por correo podría introducirlo en una caja extra grande, que me dejara espacio para meter un globo de helio dentro. El paquete tendría la masa extra del helio y del material del globo, pero debido al empuje ascendente del globo el paquete pesaría menos, y yo podría ahorrarme el franqueo.

Es de suponer que, si el globo fuese lo suficientemente grande, el paquete tendría peso negativo, y la oficina de correos tendría que pagarme para transportarlo. ¿Funcionaría el sistema? ¿Qué maquina mediría correctamente la masa del paquete?

Solución en la página 132

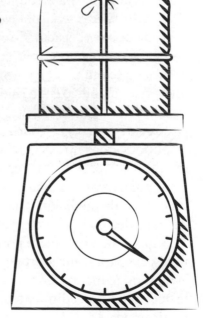

El juego de espías

Tanto en la guerra como en el espionaje industrial, el principal problema es evitar que los mensajes que se transmiten sean detectados. Los micropuntos y la tinta invisible no son novedad, y todo el tiempo se idean nuevos métodos.

Se le encargó a Paul Goodwin un proyecto de alto secreto relativo a los isótopos; su problema era la transmisión de un mensaje al extranjero. Los mensajes cifrados eran demasiado peligrosos y por lo tanto impensables. Después de sopesarlo mucho ideó lo que consideró que era un método infalible.

Hay 26 letras en el abecedario (sin contar la ñ). Como cualquier mensaje contendría también signos de puntuación y espacios en blanco (entre palabras), estamos hablando de unos 40 símbolos. Paul asignó un número de dos dígitos para cada uno, empezando con 01 para "A", 02 para "B", y así sucesivamente hasta llegar a 38 para un punto y 39 para un intervalo entre dos palabras. (ISOTOPE MASS sería, por ejemplo: 09 19 15 20 15 16 05 39 13 01 19 19). Con la ayuda de su ordenador, Goodwin tradujo el mensaje a un número largo.

En este momento se solicita permiso al lector para hacer uso de algunas licencias intelectuales. Si ponemos un punto decimal antes del número, podemos interpretar el código en su conjunto como la expresión de la longitud en metros de una barra de metal precioso (para evitar cualquier reacción química con la atmósfera). Esta barra tendría una longitud de más de 9 cm y menos de 10.

Supongamos que Paul tiene los medios para cortar la barra con la longitud correcta, lo que requeriría una precisión fantástica.

Supongamos también que el receptor de la barra dispone a su vez de un equipo de medición igual de preciso, que le permite obtener el mismo número decimal y descifrar el mensaje.

Suponiendo que fuese posible alcanzar la precisión necesaria para realizar esta operación, ¿funcionaría el método al menos teóricamente? Si no es así, ¿se te ocurre un procedimiento que lo hiciese viable teóricamente?

Solución en la página 132

¿Cuánto puedes llegar a pesar?

Supongamos que no hay un límite para que una persona crezca. Ahora imagina a alguien que crece muy rápido, volviéndose progresivamente más alto y por lo tanto más pesado. La pregunta que el lector tiene que considerar es: ¿aumentaría el peso de la persona infinitamente?

Solución en la página 133

¿Puede flotar un acorazado en una bañera?

En concreto, nos referimos al acorazado de abajo que, flotando en alta mar, tiene una masa de 30.000 toneladas. Imaginemos que introducimos lentamente el buque en una enorme bañera que tiene su misma forma, pero un poco más grande, y que contiene una pequeña cantidad de agua. A medida que bajamos el barco, el agua se ve impelida hacia arriba hasta alcanzar el borde de la bañera y no quedar más que una fina envoltura de agua entre la bañera y el casco del buque. ¿Es posible hacer flotar un acorazado de 30.000 toneladas en tan solo unos pocos litros de agua? Ten en cuenta que un objeto flotante desplaza un volumen de agua igual a su peso y que 30.000 toneladas de agua tienen un volumen de varios millones de litros.

Solución en la página 133

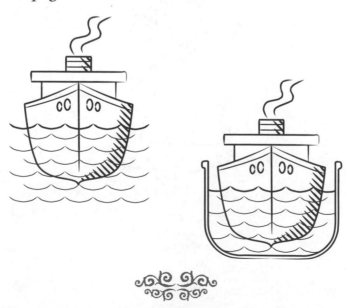

La luz y la sombra

Un hombre camina por una calzada plana iluminada únicamente por una farola solitaria. Se mueve a una velocidad constante y en línea recta cuando pasa la farola y la deja atrás, lo que hace que su sombra se alargue. ¿La parte superior de la sombra se mueve más rápido, más lento, o al mismo ritmo que el hombre? Justifica tu respuesta.

Solución en la página 134

Plumas y oro II

¿Qué pesa más, una libra de plumas o una libra de oro?

Solución en la página 134

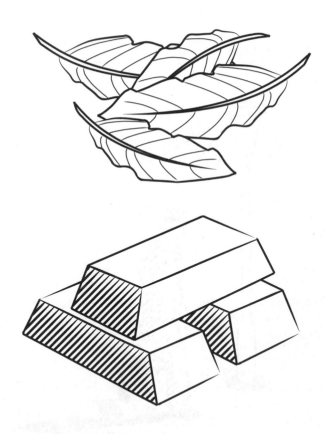

SOLUCIONES
Y EXPLICACIONES

Cómo hacer estallar el estéreo

Incluso con los altavoces conectados correctamente ocurrirá que, en gran parte de la habitación, habrá varias frecuencias de sonido que combinen de forma destructiva mientras que otras lo hagan de manera constructiva. Esto significa que algunas frecuencias serán más bajas de lo que deberían, mientras que otras serán más altas; sin embargo, esto normalmente no es perceptible entre las otras miles de frecuencias presentes. En cualquier punto equidistante de cada altavoz, no obstante, se puede garantizar que todas las frecuencias se combinarán de forma constructiva, otorgando la mejor posición de escucha.

En cambio, si uno de los altavoces está conectado con la polaridad inversa, todas las frecuencias se combinarán de forma destructiva en la posición central, ofreciendo la peor situación de audio posible.

Cómo convertir el rojo en verde

Si grabamos el LED con una cámara de alta velocidad para frenar el efecto, podremos ver que parpadea en rojo y verde. Pero nuestros ojos, por un proceso llamado «persistencia de la visión», funcionan mucho más lentamente y, por tanto, somos incapaces de ver destellos de colores diferentes.

Además, nuestros ojos no tienen un receptor de color para cada color del arcoíris sino que únicamente tienen tres: los sensibles a la luz roja, a la luz verde y a la luz azul. Los otros colores se detectan mediante la activación de más de un receptor en un grado mayor o menor. Los televisores en color utilizan este sistema; si miras de cerca la pantalla verás que la imagen comprende solo puntos rojos, verdes y azules. Nuestro LED parpadeante estimulará los sensores rojo y verde al mismo tiempo, otorgando la sensación de luz amarilla.

¿Por qué cambia el timbre?

Había una tira de barandilla cerca. El sonido reflejado de vuelta de cada una de los balaustres llegó como una serie de pequeños ecos separados por un pequeño intervalo de tiempo. Esto provocó un tono de timbre distinto cuya frecuencia venía determinada por la distancia entre los balaustres.

¿Por qué no puedo sintonizar la radio?

Habría problemas aún peores si dos o más transmisores trataran de emitir el mismo programa en la misma frecuencia.

Ya que la radio es un tipo de onda, en algunos puntos las dos ondas de ambos transmisores podrían quedar sincronizadas por lo que la radio captaría una señal muy fuerte. En otros puntos, las ondas podrían quedar completamente desincronizadas y se anularían entre sí. Por lo tanto, a medida que fuésemos avanzando, la radio iría continuamente de una señal muy fuerte a ninguna señal en absoluto en una distancia de unos pocos metros.

¿Puede la luz de la Luna generar un arcoíris?

Una parte de la misteriosa belleza del arcoíris:

1. El espectro solo es visible si el ángulo de refracción entre el Sol, la gota de agua y nuestra línea de visión es de entre 40° y 42°.
2. Los arcoíris lunares son también posibles, aunque poco frecuentes, porque la luz de la Luna no es tan fuerte como la luz solar y su intensidad varía en función de las fases que atraviesa.
3. Este fenómeno se llama arcoíris de rocío y es causado por las gotas de agua de la hierba.

Cómo atenuar la luz de los faros

Funcionaría. Sin embargo, no se ha implantado porque las desventajas superarían los beneficios.

1. No ser capaz de ver las luces de los coches que se acercan sería muy peligroso, especialmente cuando la visibilidad se ve reducida por lluvia fuerte o niebla.
2. La polarización del parabrisas absorbería una buena cantidad de luz de la calle, lo que reduciría la visibilidad en general.
3. En cualquier caso, sería difícil proporcionar un filtro eficaz para parabrisas en vista de sus formas irregulares.
4. Las imágenes de tensión en color se volverían visibles en el parabrisas y esto supondría una distracción para el conductor.

Cómo hacer un barco de juguete

A medida que el vapor entra en los tubos fríos se condensa, creando un vacío que atraerá el agua. Sin embargo, el agua no se absorberá en forma de chorro sino que vendrá desde todas las direcciones y, por tanto, no tendrá la misma fuerza de propulsión.

¿Afecta el viento a la mente?

Hay tres preguntas que responder:

1. ¿Por qué el aire es cálido? Las condiciones meteorológicas tienen que ser las adecuadas para que el aire frío de la montaña descienda en forma de viento en rápido movimiento. A medida que el aire desciende, se encuentra con las altas presiones que se localizan a baja altitud, y se comprime. Esta compresión provoca el calentamiento, resultado de un fenómeno conocido como proceso adiabático (*ver* **términos usuales**).

2. ¿Por qué el viento es seco? En su origen, el aire era frío, y el aire frío puede retener menos humedad que el aire caliente.
3. ¿Por qué tiene efectos psicológicos? Nadie está seguro de que los tenga, o de cuál podría ser la razón.

¿Por qué es segura la lámpara de seguridad?

Los gases explosivos seguirían infiltrándose a través de la malla y se prenderían dentro de la lámpara. Lo que hace la pantalla es conducir lejos el calor, evitando así que la llama se escape y cause una explosión. El cambio en la llama también avisa del peligro al minero.

¿Puede darme la vuelta un espejo?

Las respuestas son:

1. Colocar un espejo en el suelo (o techo).
2. Colocar el espejo formando un ángulo de 45° con el suelo.
3. No se me ocurre ninguna.

¿Se puede cuadrar un círculo?

La gravedad aparente aumenta cuanto más se mueve uno desde el punto de rotación. Por tanto, el efecto gravitatorio sería mayor en los bordes de la habitación. Por ejemplo, una canica colocada en el centro del piso rodaría hacia uno de los dos bordes, que son paralelos al eje de rotación.

A pesar de que el suelo es perfectamente plano, sería como si hubiera una rasante en la sala, como si uno estuviese caminando «cuesta arriba» hacia su centro.

¿Por qué no vemos más eclipses?

Hay dos razones por las que los eclipses solares son tan raros:

1. La órbita lunar no está en el mismo plano que la órbita terrestre alrededor del Sol. Esto significa que todos los meses que la Luna está en el lado correcto, por lo general está demasiado lejos hacia el norte o hacia el sur para bloquear la luz del Sol.
2. Si las dos órbitas estuviesen en el mismo plano todos los meses habría un eclipse total, pero aun así solo sería visible desde unos pocos lugares de la Tierra. Esto se debe a que la sombra de la Luna, cuando se proyecta sobre la Tierra, tiene solo unas pocas millas de ancho. Solo vivirán el eclipse total aquellos observadores que estén dentro de la franja de sombra.

¿Por qué no estoy flotando?

No hay forma de distinguir entre 1) la gravedad y 2) la aceleración. Sin embargo, en una nave espacial giratoria «la gravedad» será mayor tanto más lejos del centro de rotación, por lo que hay varias cosas que podría hacer:

1. Pesar un objeto con una balanza de resorte dará una lectura más pequeña cerca del techo.
2. Una canica colocada en el centro del suelo rodará hacia el borde.
3. Dos tuberías divergirán en vez de colgar paralelamente.
4. No será capaz de lanzar una moneda.

Atracción solar

Pensemos primero en un sistema más sencillo. Supongamos que solo existen la Tierra y el Sol. Si la Tierra estuviese inmóvil en el espacio, los dos estarían unidos por su atracción gravitatoria mutua. Sin embargo, hay una posibilidad más sólida: la fuerza gravitacional del Sol se utiliza para mantener la órbita terrestre, en vez de atraerla.

El mismo proceso explica por qué la Luna orbita la Tierra. La gravedad del Sol se usa para mantener el sistema Tierra/Luna en órbita. Si todas las órbitas cesasen de repente, todos los planetas y sus lunas caerían hacia el Sol.

¿Por qué vuelvo a la Tierra?

Al principio, la resistencia atmosférica es muy pequeña y obliga al satélite a caer en una órbita más baja. La velocidad en órbita está determinada por la altura: cuanto menor es la órbita más rápida será la velocidad. Por tanto, el satélite viaja más rápido.

Esto puede parecer una contradicción desconcertante con la ley de conservación de la energía. Pero la energía total del satélite, potencial y cinética, de hecho, ha disminuido por la cantidad de calor producido por la fricción.

Finalmente, como la órbita baja en espiral, la resistencia de rozamiento será lo suficientemente grande como para reducir la velocidad del satélite a medida que cae en el cuerpo central de la atmósfera. El aumento de la velocidad orbital es similar al efecto que consigue un patinador sobre hielo cuando aproxima los brazos extendidos a su cuerpo, aumentando así su velocidad de rotación.

¿De qué color es el Sol?

Se nos ocurren cinco respuestas:

1. Blanco; casi por definición, el color del Sol es blanco.
2. De todos los colores; uno podría argumentar que no existe como tal «color» el blanco. Isaac Newton descubrió que la luz blanca es en realidad la mezcla de todos los colores visibles.
3. Amarillo; el color más abundante en la luz solar.
4. Negro; el Sol parece blanco porque emite luz, de la misma manera que la luz de una bombilla se ve blanca cuando está encendida; la bombilla es gris cuando está apagada. ¿Pero de qué color sería el Sol si lo enfriásemos? Los científicos saben que el Sol está próximo a ser lo que se denomina cuerpo negro radiante. Así que si lo enfriásemos sería negro.
5. De ningún color; el negro no es realmente un color sino la ausencia de todos ellos.

¿Por qué no es todo el cielo tan luminoso como la luz del Sol?
El mismo Olbers dio el contraargumento.

1. Mientras que la luz de algunas de las galaxias que observamos es de hace millones de años, la luz de muchos otros millones de estrellas aún no ha llegado hasta nosotros. Nuestra propia galaxia está a más de cien mil años luz de nosotros.
2. La paradoja supone que todas o la mayoría de las estrellas del universo observable están ardiendo al mismo tiempo. Esto es un error, ya que el tiempo de vida de una estrella se limita a unos 10^{10} años. Aunque se trata de un largo tiempo, sigue siendo finito.
3. El universo en sí mismo probablemente no es infinito.
4. La luz puede ser absorbida también por el polvo y la materia oscura (si existe).

¿Por qué no me quemo la cabeza?
Me había secado las orejas con una toalla y, por tanto, las sentía a la misma temperatura del aire. Mi pelo estaba todavía húmedo, por lo que el aire en movimiento evaporaba rápidamente el agua. La evaporación produce enfriamiento (este es el principio utilizado en el frigorífico) y, por tanto, sentía el aire frío sobre el cabello húmedo.

Tan cerca y a la vez tan lejos
Si un telescopio (o unos prismáticos) se utilizan correctamente, se dice que están en «ajuste normal». Cuando se utiliza de esta manera, el ojo está perfectamente relajado. Cuando un ojo está perfectamente relajado, este enfoca al infinito. Por tanto, un telescopio, no te da una imagen cercana. Sin embargo, hace que un objeto parezca más grande.

Una lente de aumento aumenta la potencia de enfoque del ojo, permitiendo que el objeto se sitúe más cerca. Hay muchas circunstancias en las que funciona sin aumentar nada. Prueba este sencillo experimento para que veas lo que quiero decir. Sujeta un papel escrito tan cerca del ojo que no se pueda ver claramente porque esté borroso. Ahora pon una lente de aumento entre el ojo y la hoja. Ahora deberías poder ver lo escrito lo suficientemente claro como para leerlo, aunque sigue sin ser más grande de lo que era.

¿Salta a la vista?
Curiosamente, la respuesta a esta pregunta es sí. Si hay solo dos filtros polarizados cruzados, ninguna luz pasará a través de la combinación. Si se inserta un filtro extra entre los otros dos, a 45 grados con respecto a ellos, entonces algo de luz pasará a través de esta combinación triple. De hecho, la cantidad de luz que se transmite a través de la combinación triple es alrededor de la mitad de lo que pasaría a través de un único filtro.

Esto es debido a que algo de luz siempre se las arreglará para atravesar una combinación doble a 45 grados entre sí. Así que algo de luz pasará a través del primer y segundo filtros. Y también pasará a través del segundo y del tercero. Por lo tanto, pasará algo de luz a través de la combinación de los tres filtros.

Cómo equilibrar la balanza

Puedes pensar que el resultado correcto es la media, 122 gramos, pero esto sería cierto únicamente para una balanza con brazos iguales. Esta debe tener brazos desiguales y, en este caso, la fórmula es la raíz cuadrada del producto: 100 x 144 = 120 gramos.

Prueba: Si el equilibrio de la balanza cuando está vacía es inexacto, ambos brazos deben ser de diferente longitud (a, b).

Asignemos al objeto X las correspondientes lecturas W1 y W2.

En equilibrio:

aX = bW1 à a/b = W1/X y aW2 = bX à a/b = X/W2

Por tanto:

W1/X = X/W2 o

X = raíz cuadrada de (W1 x W2)

Substituyendo:

X = raíz cuadrada de (144 x 100) = 120 gramos

Cómo saber si un huevo está crudo

Si giras el huevo se pondrá de pie si está cocido. Un huevo crudo es inestable porque su contenido es viscoso y, por tanto, no girará.

¿Por qué tiene hoyuelos una pelota de golf?

De hecho, las pelotas de golf con hoyuelos se desplazan alrededor de cuatro veces más rápido.

El giro hacia atrás que se le impulsa a la pelota es la causa. A medida que la parte superior de la pelota va girando hacia atrás, arrastra el aire que, de otra manera, se habría desplazado por debajo de la pelota. El aire tiene que acelerar para recorrer la distancia extra, y esto causa su elevación, de manera similar a como lo hace el ala de un avión. Si la pelota fuese lisa, el giro no tendría efecto.

Cómo refrescarse

Es un error pensar que solo con abrir la puerta de la nevera conseguirás tu objetivo. Podrás sentirte momentáneamente más frío, pero pronto aumentarías la temperatura según el motor fuese liberando más calor del que reduce en la nevera.

La única manera de tener éxito es apagar el motor y abrir la puerta de la nevera. El aire frío se mezclará con el aire cálido y conseguirás un cierto alivio.

Cómo fabricar una pistola pulverizadora

El aire, al viajar a través del tubo de soplado a una velocidad considerable, reduce la presión de aire en el tubo de conducción. El líquido del contenedor está sujeto a la presión atmosférica y, por tanto, es forzado a ascender, y a salir del tubo de conducción, en forma de una fina pulverización.

¿Qué hace que el pegamento pegue?

Las moléculas de una misma sustancia se atraen entre ellas debido a un proceso llamado cohesión. Las moléculas atraerán también a otras moléculas de una sustancia diferente, y este proceso se denomina adhesión. El truco consiste en encontrar aquellas sustancias cuyas moléculas sean muy adhesivas.

Para que funcionen de manera efectiva las moléculas tienen que estar muy cerca unas de otras; por esta razón los adhesivos son normalmente líquidos y las superficies implicadas deben estar tan limpias como sea posible.

Sorprendentemente, el agua es un adhesivo bastante bueno. Si, por ejemplo, mojases dos trozos de madera, los colocases juntos y los metieses en el congelador, una vez que se hubiesen congelado las piezas de madera sería muy difícil partirlas.

En teoría, si se pudiera disponer dos superficies de tal manera que el contacto molecular fuera posible, no sería necesario ningún adhesivo. En la práctica estas superficies están contaminadas por el polvo y otras impurezas, por lo que se necesitan adhesivos.

¿Qué es esa tira?

La banda de metal está diseñada para conectar a tierra el vehículo. El caucho es un buen aislante, y los coches acumulan una determinada carga de electricidad estática.

Existen varias razones por las cuales la gente pueda querer usar este dispositivo. A algunos les preocupa que esta carga estática pueda causar una chispa que inflame el vapor de la gasolina, provocando un incendio. Es posible que la tira evitase la chispa, pero de ninguna manera está demostrado que exista un riesgo de incendio a priori.

Otras personas lo utilizan para evitar una descarga eléctrica cuando cierran la puerta del coche al salir. Esta acumulación de electricidad estática se debe al roce de la ropa con la tapicería de los asientos. Es improbable que la tira de metal resuelva este problema; no usar zapatos con suela de goma probablemente sea más eficaz.

Algunas personas tienen la teoría de que los mareos en los coches se deben a la electricidad estática. Cualquier mejora gracias a la tira es probable que sea más psicológica que real.

Cómo conducir sobre hielo

Los buenos conductores saben que:

1. Para aumentar la fricción, hay que utilizar la manta en la parte delantera, en el caso de un vehículo de tracción delantera, y si no, en la parte trasera.
2. Cuanto menor sea el par motor, mejor; por tanto, deberemos arrancar en segunda a velocidad lenta.
3. Para detener el derrape deberemos girar las ruedas delanteras hacia donde patinan.

Cómo hacer flotar un globo

Ataremos un trozo de cuerda demasiado larga al globo y lo agarraremos por su extremo libre. La cuerda formará entonces una curva descendente, que irá desde la mano a un punto bajo, y luego ascenderá hasta el globo. A continuación, cortaremos la cuerda en su punto más bajo. El globo tendrá entonces la suficiente longitud de cuerda para hacer que flote.

Cuando las hojas caen

Miles de años de evolución han asegurado que los árboles pierden sus hojas en el momento óptimo. En caso de que las pierdan demasiado pronto, se perderá un tiempo valioso. En caso de que las hojas se caigan demasiado tarde, podrán ser dañadas por las heladas, y esto será perjudicial para la planta en su conjunto.

¿Por qué no se mueven las nubes?

A medida que el viento fluía sobre la montaña, se elevaba y luego descendía. Esta corriente continuó, con algunas oscilaciones, a lo largo de la llanura.

Las condiciones eran tales que, en la parte superior de la corriente, el aire se enfrió lo suficiente para que el vapor de agua se condensase, formando una nube en ese punto. A medida que el aire continuó su trayectoria, descendió y se calentó lo suficiente para que las gotas de agua se evaporasen de nuevo. Esto provocó una serie de nubes que continuamente se formaban en la parte posterior y se destruían en la parte delantera. Por lo tanto, las nubes permanecían inmóviles aunque el aire se movía.

Cómo bisecar un objeto

En el caso de los objetos simétricos las bisectrices coincidirán; sin embargo, no ocurrirá así en el caso de los objetos asimétricos.

¿Por qué pueden las ovejas seguir comiendo hierba?

El proceso evolutivo puede ser mucho más sutil de lo que uno piensa. A diferencia de la mayoría de las otras plantas, la hierba crece desde la base de su tallo y no su punta; por lo tanto, puede arreglárselas con el pastoreo con bastante éxito. Si se eliminaran todos los animales de pastoreo, otras plantas acapararían el éxito mientras que la hierba, al ser una planta pequeña, saldría perdiendo en la competencia por la luz.

Solo hay que pensar en entornos en los que hay un gran número de animales de pastoreo para darse cuenta del éxito que esta estrategia otorga a la hierba.

Cómo caminar sobre una cuerda floja

Caminar por la cuerda floja es posible solo si mantenemos nuestro centro de gravedad justamente por encima de la cuerda. Esto es un poco como mantenerse en posición vertical sobre una bicicleta estática.

La barra de equilibrio es deliberadamente pesada, y lleva pesos en los extremos. Esto facilita las cosas de dos maneras diferentes. La barra tiene una gran inercia, y moviéndola de lado el caminante puede ajustar su posición. También el hecho de que la barra sea muy pesada en los extremos y se doble hacia abajo contribuye a bajar el centro de gravedad del caminante. Si se pudiera bajar por debajo de la cuerda, entonces el caminante, aunque tendría un aspecto muy precario, en realidad estaría muy estable.

¿Debería correr bajo la lluvia?

Como muchos de los problemas de la vida real, es más complicado de lo que parece. Así que empecemos haciendo algunas suposiciones simples:

1. No había viento, y la lluvia caía verticalmente.
2. Llevaba un gorro, así que consideremos la lluvia que caía, no la que iba a parar a mi cabeza.
3. La lluvia caía a un ritmo constante.

Ahora vamos a pensar en el espacio por el que me movía; podemos imaginar un túnel invisible con mi misma forma que va desde donde yo estoy, de pie frente a la puerta de mi casa. La lluvia entra continuamente en el túnel por el extremo superior, y sale por el extremo inferior. Como llueve de forma constante, entra tanta lluvia como sale, así que un sistema equivalente haría que las gotas de lluvia permanecieran inmóviles. Resulta entonces obvio que sin importar cómo de rápido me moviese en el túnel, recogería exactamente el mismo número de gotas de lluvia.

Pero recordemos que la lluvia paró en el momento en que llegué a mi puerta, por lo que si no hubiese corrido solo habría tenido que recorrer la mitad del túnel antes de que la lluvia desapareciese en la otra mitad. Al correr, en realidad me he mojado más que si hubiese seguido mi camino tranquilo.

Si la lluvia no hubiese parado y hubiese seguido cayendo constante, habría acabado igual de mojado. Sin embargo, está el elemento de la suerte; si hubiese empezado a llover más fuerte, me habría mojado más caminando.

Ahora supongamos que no llevaba gorro. La parte superior de mi cabeza se sigue mojando mientras estoy bajo la lluvia. Correr mantiene mi cabeza más seca.

Si hubiera habido un viento de frente, me habría mojado más cuanto más tiempo me hubiese quedado fuera, es decir, seguir caminando habría hecho que me mojase más. Si hubiera habido un viento de cola, correr habría disminuido la humedad hasta un punto en que la velocidad de la carrera habría igualado la velocidad del viento, y mi cuerpo ¡no se habría mojado en absoluto! Por lo tanto, ¿es mejor correr? Depende...

Cómo conseguir que los neumáticos no se desgasten mucho

Mi amigo estaba en lo cierto al suponer que si un coche viaja en círculo los neumáticos exteriores recorren más camino y, por tanto, se desgastan más que los interiores.

Sin embargo, es un hecho curioso que la distancia extra que recorre la rueda exterior no se vea afectada por el radio del círculo sobre el que da la vuelta el coche. Por lo tanto su nueva forma de ir y volver del trabajo sería la acertada para igualar el desgaste de los neumáticos.

¿Por qué no vuelan más bajo los aviones?

Incluso teniendo en cuenta la distancia adicional, resulta más barato volar a mayor altura ya que la aeronave se desplaza por encima de los patrones de turbulencias. Además, el aire fino presenta menos resistencia, es decir, se consume menos combustible. Por último, se podría sacar provecho de los vientos rápidos que se encuentran en altitudes elevadas.

Cómo navegar alrededor del mundo

Si ambos partieron a la misma hora y regresaron también a la misma hora, ambos viajes tuvieron que durar el mismo tiempo. Sin embargo, los dos barcos tuvieron que contar los días de forma diferente. Si en la isla habían pasado X días, el barco que viajaba dirección oeste en sentido inverso a la rotación terrestre tuvo que contar X - 1 días porque había efectuado una rotación menos que la Tierra. El barco que viajaba en la dirección del giro de la Tierra tuvo que contar X + 1 días.

Esta anomalía se corrige con la adopción de la línea internacional de cambio de fecha.

¿Se mueve la Tierra?

Las ondas de un terremoto pueden viajar alrededor del mundo de dos formas distintas. Primero, pueden viajar por la superficie de la Tierra, al igual que las olas viajan a través del mar. Segundo, pueden viajar directamente por el centro de la Tierra. Estas ondas viajan a diferentes velocidades y tienen distancias distintas que recorrer; por eso no llegan al sismógrafo al mismo tiempo.

La Tierra no tiene una densidad uniforme. El núcleo denso actúa como una lente, concentrando las vibraciones en algunos puntos y dejando otros en sombra.

Cómo reventar un barril

El truco funciona porque la presión del agua en un punto depende de la profundidad, no del peso del agua que está en la parte superior. Si el tubo conectado a la parte superior del barril es estrecho, una pequeña cantidad de agua puede causar un gran aumento de presión en el interior del barril al incrementar su profundidad bajo la superficie.

Si se usara un tubo más estrecho, entonces se necesitaría todavía menos agua para aumentar la profundidad. Si el tubo tuviese la mitad de calibre, entonces se necesitaría la mitad de agua para alcanzar la misma altura en el tubo. Por lo que media jarra sería suficiente.

¿Por qué no cae la nieve de manera uniforme?

El viento que transporta la nieve diverge muchos metros frente a un gran edificio, dispersándola antes de que golpee en la fachada que da al viento. Un objeto más pequeño no desvía el viento, y permite que la nieve se acumule.

Cómo disparar en línea recta

Debes apuntar a la izquierda del objetivo. Cualquier objeto en movimiento será desviado en el norte del ecuador, hacia la derecha, y en el sur del ecuador, hacia la izquierda, en relación con la rotación de la Tierra.

Este fenómeno se conoce como efecto Coriolis, llamado así por el físico francés Gaspard de Coriolis (1792-1843), quien lo analizó por primera vez de forma matemática. El efecto Coriolis es de gran importancia para los meteorólogos, navegadores y militares (ver **términos usuales**).

Cómo beber del hielo

En efecto, el hielo polar contiene sal y, derretido, es igual de imbebible que el agua de mar. Sin embargo, con el tiempo, la salmuera contenida en los bloques de hielo se desplaza hacia abajo, debido a la gravedad. Este efecto de drenaje hará que el agua derretida sea potable después de un año, y que esté casi completamente libre de sal después de algunos años.

El problema no afecta a todas las regiones polares, ya que el hielo también tiene su origen en las precipitaciones. No obstante, muchas áreas tienen nevadas insignificantes, y las pocas que hay se las llevan vientos de alrededor de 160 km/h.

Entre otras técnicas de desalinización, la congelación del agua salada se ha desarrollado como un método alternativo, con base en los diferentes puntos de congelación de agua dulce y salada, pero el equipo necesario está fuera del alcance de las comunidades de esquimales.

¿Por qué vuelven los búmeran?

El búmeran de retorno tiene una longitud de entre 30 y 75 centímetros, se curva hacia la izquierda, y puede alcanzar lanzamientos de más de 90 metros. Ha habido muchos intentos de explicación. T. L. Mitchell sugirió en 1846 que se debía a la oblicuidad combinada con el movimiento de rotación. Pero esto no nos conduce a ninguna parte. E. Hess ofreció una explicación más convincente en *The Aerodynamics of Boomerangs* (*La aerodinámica de los búmeran*), publicado en el *Scientific American* de noviembre de 1968. Según Hess, un búmeran es un plano aerodinámico sujeto a la elevación, que es mayor en la mitad superior porque va en la misma dirección que el búmeran, mientras que la mitad inferior gira en dirección opuesta.

¿Cómo evitábamos los misiles en la Segunda Guerra Mundial?

Los cohetes V-2 superaban la velocidad del sonido y, por tanto, no se les oía llegar. Solo se podía oír la detonación una vez que había alcanzado el blanco, es decir, demasiado tarde para adoptar medidas evasivas.

Cómo gobernar un barco

El timón de dirección solo funcionará si hay movimiento relativo entre el barco y el agua. Esta respuesta plantea a su vez la pregunta de si existe tal movimiento relativo. Lo más probable es que sí. No obstante, hay tantas fuerzas actuando en el barco que esta pregunta no se puede responder con total certeza.

Primero, está la gravedad. Imaginemos que el río está congelado. Ignorando la fricción, el barco se deslizaría pendiente abajo. Luego está la flotabilidad, que da lugar a una fuerza componente río abajo, parcialmente contrarrestada por el arrastre. La resistencia del aire se suma a la resistencia al avance, mientras que un viento corriente arriba o descendente tiene un efecto. Por otra parte, el río fluye a un ritmo diferente en el centro y cerca de las orillas.

Es teóricamente posible que todas estas fuerzas se combinen y sincronicen el movimiento del barco y del río en un periodo limitado, lo que haría imposible controlar la dirección.

¿Puedes volar más rápido que el sonido?

1. Hay una idea errónea de que una explosión sónica se produce solo en el momento en que un avión supera la velocidad del sonido. En realidad, cualquier aeronave que viaje más rápido que el sonido crea una gran onda de choque que se desplaza junto con el avión. Si esta onda de choque llega al suelo y pasa cerca de una persona, se detecta un sonido explosivo. Por esta razón, se prohibió al Concorde realizar vuelos supersónicos. La onda de choque no pasa junto a los pasajeros, en el interior del avión y, por tanto, no son conscientes de la explosión sónica.

2. No. Romper la barrera del sonido es una expresión común que significa viajar más rápido que el sonido. El sonido no siempre viaja a la misma velocidad; esto se debe a la temperatura del aire. Mientras que el aire es más frío a altitudes elevadas, la velocidad del sonido es proporcionalmente menor en aproximadamente medio metro por cada grado Celsius de aumento. A 0°C, la velocidad del sonido es de unos 328 metros por segundo y, a 16°C, de aproximadamente 338 metros por segundo.

¿Por qué el Valle de la Muerte es tan caluroso?

Una serie de factores contribuyen a estas condiciones extremas. La cadena montañosa del lado oeste, que asciende a más de 3.300 metros, absorbe la humedad de los vientos del oeste, que, al descender al este de las Montañas Rocosas, se calienta y se seca adiabáticamente, convirtiendo el valle en un desierto caliente.

El enigma del Canal de Panamá

Las dos respuestas que se requieren son:

1. El canal se alimenta de varios lagos de agua dulce entre los que se incluyen el Gatlin y el Miraflores. Cuando se abre la última compuerta que da al océano, el nivel del agua dulce es superior al del agua salada, más densa, generándose una corriente que iguala los niveles y permite desplazarse al barco.

2. La salinidad del Pacífico es superior a la del Atlántico y, por tanto, más densa, lo que explica que el nivel del Pacífico sea inferior.

Globo en la bañera

Permanecerá al mismo nivel.

¿Por qué no se posan los submarinos?

La presión del agua ejerce una fuerza perpendicular al casco de un submarino en cualquier punto, tanto en la parte inferior como en la parte superior y los lados. Cuando un submarino se posa sobre un fondo de arcilla o de arena, la capa de agua que la empuja hacia arriba puede ser presionada hacia fuera de debajo del casco, privando al submarino de gran parte de su fuerza de flotación ascendente. En efecto, las fuerzas descendentes pueden, por tanto, fijar el submarino al fondo.

¿Funciona un ascensor de arranque?

Aunque parece como si el hombre estuviera tratando de elevarse hacia arriba por sus propios medios, en realidad no es así. Es cierto que por cada kilo de fuerza que tira hacia arriba de la cuerda, empuja una fuerza igual en el bloque pero, si es lo suficientemente fuerte para levantar su propio peso más el peso del bloque, conseguirá despegar del suelo. (Los experimentos han demostrado que un hombre de 86 kilos es capaz de levantarse a sí mismo y un bloque de 50 kilos a la vez utilizando este procedimiento).

¿Se mueve el globo?

A medida que el coche acelera hacia adelante, el globo en su cordel se inclina hacia adelante, también. Las fuerzas de inercia empujan hacia atrás en el coche, presionándonos contra los asientos (un efecto con el que todos estamos familiarizados), pero también comprimiendo el aire en la parte trasera del vehículo totalmente cerrado. Este aumento de la presión de aire en la parte trasera empuja el globo hacia adelante. Por razones similares, cuando el coche toma una curva, el globo se inclina hacia la curva.

¿Puedes hacer un barco de tierra firme?

Todo depende de cómo las ruedas ovaladas estén fijadas a los ejes del vehículo. Si las ruedas de los extremos opuestos de un mismo eje están colocadas en ángulo recto entre ellas, se balanceará. Mediante la sincronización de las ruedas delanteras y traseras, de modo que en cada lado del vehículo las dos ruedas tengan sus ejes longitudinales en ángulo de 45 grados, el vehículo cabeceará y «se bamboleará» a la vez. Si, en cada lado del vehículo, las dos ruedas tienen también sus ejes longitudinales en ángulo recto, el vehículo se limitará a moverse hacia arriba y hacia abajo alternativamente sobre dos ruedas diagonalmente opuestas.

Una vez contempladas estas tres posibilidades solo queda encontrar un conductor dispuesto a lidiar con cualquiera de ellas.

¿Qué hace que un espejo refleje?

Izquierda y derecha son conceptos direccionales mientras que arriba y abajo, o superior e inferior, son conceptos posicionales. Lo mismo se aplica a este-oeste y norte-sur. Caminemos hacia el norte a lo largo del meridiano de Greenwich: Berlín quedará al este y a nuestra derecha (ignorando el hecho de que también se puede viajar a Berlín por el camino más largo) hasta llegar al Polo Norte. Una vez lo crucemos, nos daremos la vuelta para continuar mirando al norte: Berlín quedará entonces al oeste y a nuestra izquierda. El norte y sur permanecerán en la dirección de los polos. Igualmente, arriba y abajo asumen como punto de referencia el centro de la Tierra. Un espejo normal invertirá la dirección, pero no la posición.

El alto mástil

Abren las llaves de paso y dejan que entre un poco de agua en el barco. De esta manera, navegan más cerca del agua, y el mástil salva el puente.

El espectro

Los pigmentos que se usan habitualmente no son puros. Debido a estas impurezas, la pintura amarilla presenta una mezcla de rojo, amarillo y verde, y la pintura azu, una mezcla de azul y verde. No obstante, en ambos casos, el color básico domina y el ojo percibe solo amarillo y azul respectivamente. Sin embargo, cuando se mezclan las dos pinturas, la amarilla absorbe la azul, y la azul absorbe la luz roja y amarilla, siendo el verde el único color que permanece común a las dos pinturas.

Sin embargo, los colores de la luz proyectada son puros, y si son colores complementarios, como el azul y el amarillo, o verde y rojo, el resultado será la luz blanca.

En otras palabras, cuando se mezclan las pinturas, el color resultante se produce por absorción. Cuando se mezclan las luces, el color resultante se produce por combinación.

Cómo abrir un frasco de cristal

Para poner en práctica este método necesitarás la ayuda de otro par de manos que sujeten la botella firmemente mientras envuelves el cuello de la botella con una cinta de tela estrecha. A continuación, al tirar de la tela rápidamente hacia un lado y hacia otro, generarás fricción entre la cinta y el cristal que, a su vez, producirá calor suficiente para expandir solo el cuello de la botella de modo que te resulte fácil retirar el tapón.

Por lo demás, calentar el frasco no resolvería el problema ya que la botella y el tapón se expandirían uniformemente.

Cómo hacer que un camión vuele

Si el ave está en una caja completamente hermética, el peso de la caja y el pájaro será el mismo tanto si el pájaro está volando como si está posado. Si el ave está volando, su peso es soportado por la presión del aire en sus alas; pero dicha presión se transmite por el aire al suelo de la caja. Si el ave está volando en una jaula abierta, parte del aumento de la presión en el aire se transmite al suelo de la jaula, pero parte se transmite a la atmósfera fuera de la jaula. De ahí que la jaula con el pájaro dentro sea más ligera si el ave está volando.

El agujero que atraviesa la Tierra

1. La velocidad de la canica se incrementará a un ritmo constante de cero en el punto A hasta el máximo en el centro de la Tierra. A partir de ese momento, disminuirá a un ritmo constante hasta alcanzar cero en el punto B, tardando 42 minutos en realizar el recorrido completo. Esta fascinante especulación se remonta a Plutarco. Incluso Francis Bacon y Voltaire debatieron al respecto. Fue Galileo quien dio la respuesta autorizada, generalmente aceptada: la canica caerá más y más rápido, aunque con ritmo de aceleración decreciente, hasta alcanzar la velocidad máxima, cerca de 8 kilómetros por segundo, en el centro de la Tierra. A partir de ese momento, desacelerará hasta que su velocidad llegue a cero en el otro extremo del agujero. Dejando de lado la resistencia del aire, oscilará hacia atrás y adelante, como un péndulo, *ad infinitum.*

2. En el centro de la Tierra, la fuerza gravitatoria no actúa sobre la canica. Esto es porque la atracción que la Tierra ejerce sobre la canica es igual en ambas direcciones. Por tanto, el peso será cero.
3. El peso cambiará, pero no la masa.
4. La canica estará en caída libre durante todo el recorrido, por lo que siempre estará en un estado de gravedad cero.
5. Más tiempo. El trayecto llevaría alrededor de 53 minutos. A pesar de que la distancia es mucho más corta que en la Tierra, la gravedad de la Luna es de aproximadamente un sexto de la terrestre.

Plumas y oro I

Una onza de oro pesa más. El peso troy consta de 12 onzas para una libra troy, mientras que en el sistema avoirdupois una libra consta de 16 onzas. Por consiguiente, una onza troy es mayor que una onza avoirdupois. El peso troy es un sistema de unidades de masa utilizado para metales preciosos, piedras preciosas y pólvora, mientras que el sistema avoirdupois es el habitual en Canadá, Reino Unido o Estados Unidos.

Los dos enigmas de las plumas y el oro demuestran la vital importancia de definir de forma precisa las unidades adecuadas para llevar a cabo una medición. Las unidades de medida son objetivas; en última instancia, reflejan una cierta medida del mundo según lo observado por el hombre. Así, la medida de longitud es un pie (0, 3 metros), la medida del tamaño de un caballo es la mano. Tanto el peso troy como el sistema avoirdupois se basan en el peso de un grano de trigo, que (para usar otro sistema, el métrico) es de 0,0648 gramos. Una libra troy son 5.760 granos, y una libra avoirdupois son 7.000 granos. En palabras del primer sofista griego, Protágoras (siglo V a. C.): *El hombre es la medida de todas las cosas*. Aunque la afirmación de Protágoras tiene un carácter subjetivo y está hecha con el ánimo de sugerir que los juicios son relativos, nos interesa la interpretación objetiva, que permite expresar la naturaleza de las unidades de medida.

La balanza semioculta

Desde 454 gramos hasta el infinito. Son 454 gramos, y no 1 kilo, porque cuando la longitud tiende a infinito el segundo peso se aproxima a cero. Cuando la longitud de la barra oculta es cero el peso debe ser infinito para equilibrar la fuerza de la izquierda.

Cómo aliñar la ensalada

Dado que el aceite flota en el vinagre, para verter únicamente aceite, Jill solo tiene que destapar e inclinar el frasco, volver a taparlo, darle la vuelta de nuevo y aflojar el tapón lo suficiente para permitir que gotee la cantidad deseada de vinagre.

El rompecabezas del reloj de arena

Cuando la arena se encuentra en el compartimento superior del reloj de arena, el alto centro de gravedad inclina el reloj de arena a un lado. Se mantiene en la parte inferior del cilindro debido a la fricción que se origina contra el lado del cilindro. Después de que una cantidad de arena suficiente haya fluido en el compartimento inferior y que el reloj de arena flote en posición vertical, la pérdida de fricción permite que se eleve a la parte superior del cilindro.

Es interesante observar que, si el reloj de arena es un poco más pesado que el agua que desplaza, el aparato funciona a la inversa. Es decir, el reloj de arena normalmente descansa en la parte inferior del cilindro y, cuando al cilindro se le da la vuelta, se queda en la parte superior, hundiéndose solo después de que una cantidad de arena suficiente haya fluido y se haya eliminado la fricción.

Se dice que el juguete lo inventó y lo realizó un soplador de vidrio checoslovaco, en una tienda de las afueras de París. Curiosamente, los físicos parecen encontrar este singular juguete un poco más desconcertante que el resto de las personas. A menudo dan explicaciones sofisticadas relativas a la fuerza de la arena que cae y mantiene el reloj de arena en la parte inferior. Sin embargo, es fácil demostrar que el peso neto del reloj de arena sigue siendo el mismo tanto si la arena baja como si no.

¿Se puede hacer estallar una habitación?
No pasaría nada porque no hay oxígeno en la habitación.

Contador de revoluciones
En ciclismo, la rueda delantera (de dirección) viaja menos firme y, por tanto, realiza un recorrido más largo que la rueda trasera.

¿Se puede propulsar un bote con una cuerda?
Tirando de una cuerda atada a su popa, es posible impulsar hacia adelante un bote pequeño que navega en aguas tranquilas, y se pueden alcanzar velocidades de varios kilómetros por hora. A medida que el cuerpo de la persona se desplaza hacia la proa, la fricción entre el bote y el agua impide que aquel realice cualquier movimiento significativo hacia atrás, pero la fuerza de inercia de la sacudida es lo suficientemente fuerte como para superar la resistencia del agua y transmitir un impulso hacia adelante al bote. La cápsula espacial, en ausencia de fricción, no puede ser propulsada de la misma manera.

¿En cuántos pedacitos se puede romper una carta?
Alcanzaría una altura mayor que la distancia que hay del Sol a la Tierra, así que más de 149,6 millones de km.

La luz fantástica
En una de las habitaciones, la fuente de luz son lámparas de sodio, que dan una luz amarilla muy pura. En la otra habitación, la fuente de luz es una mezcla de lámparas verdes y rojas. Las luces rojas y verdes, cuando se mezclan, parecen amarillas. En la primera habitación, tanto la pintura verde como la roja parecen negras bajo la luz pura del sodio, mientras que en la segunda habitación, las pinturas roja y verde reflejan sus propios colores.

¿Por qué solo sobreviven los caballos blancos?

Las manadas estaban plagadas de feroces tábanos, que ocasionaban un severo debilitamiento a los animales. Por alguna razón que la ciencia moderna sigue sin resolver, los tábanos mostraron una marcada preferencia por los caballos oscuros, y no atacaban a los blancos. Esto dio lugar a la mayor supervivencia de los caballos blancos y, finalmente, a los famosos caballos blancos de la Camarga.

Cómo vuela un helicóptero

Todos los cuerpos giratorios desarrollan una fuerza que actúa perpendicularmente al eje de revolución. Este momento de fuerza se conoce como par de fuerzas, y haría que el helicóptero girase fuera de control si no fuera por el rotor de cola, que está diseñado para contrarrestar el par de fuerzas.

En los grandes helicópteros con dos rotores, el par de fuerzas se evita haciendo que los rotores giren en direcciones opuestas.

El vaso de precipitados

La respuesta es que se deben añadir 2 centímetros cúbicos de agua al vaso de la izquierda: uno para equilibrar el centímetro cúbico de agua que se ha añadido al vaso de la derecha y otro para equilibrar la fuerza de flotación ejercida sobre la barra de hierro que, al haber aumentado el nivel de agua un centímetro, desplaza un centímetro cúbico de agua.

Gotas y burbujas

Las burbujas se atraerían entre ellas. Si se elimina el agua de un punto del espacio total (burbuja A), el equilibrio gravitatorio que lo rodea se alterará, y el efecto neto sobre una molécula de agua cercana hará que sea arrastrada por una masa mayor; es decir, hacia el exterior, lejos de la burbuja. Si hay dos burbujas, el agua existente entre ellas actúa como si fuese repelida por ambas, y las burbujas se moverán la una hacia la otra.

¿Por qué no se puede copiar un billete?

No hay ninguna imagen real de uno, excepto en la pantalla de la televisión, donde es emergente. La grabación en cinta es un mensaje o código lineal, no una imagen reconocible.

La cuerda y la polea

La respuesta es que, independientemente de cómo escale el hombre, rápido, despacio, o a saltos, el hombre y el peso siempre permanecerán contrarios. El hombre no puede superar o reducir el peso, ni siquiera soltando cuerda, alargándola, y agarrándola de nuevo.

El tanque

Si desplazamos el tanque repentinamente a la derecha, la inercia hará que la esfera de acero se mueva a la izquierda relativa del tanque. La esfera de acero tiende a permanecer en estado de reposo. El agua tiende a hacer lo mismo, pero la esfera, al ser más pesada que el agua, domina. Dado que la esfera de corcho es más ligera que el agua, se mueve a la derecha relativa del tanque. Si desplazásemos el tanque hacia adelante y hacia atrás, ambas esferas también se moverían así: la esfera de acero en la dirección contraria, y la esfera de corcho en la misma dirección que el tanque.

¿Se puede parar un eco?

No escucharíamos un eco reconocible, ya que es un reflejo del sonido, sino que los decibelios (intensidad) se duplicarían, igual que le ocurre a la luz de una vela cuando la colocamos frente a un espejo.

La botella y la moneda

La primera ley del movimiento de Newton explica este experimento.

Todo cuerpo permanece en su estado de reposo o de movimiento uniforme en línea recta, a no ser que haya alguna fuerza externa que le haga actuar de otro modo.

Esta tendencia a permanecer en su estado de reposo o de movimiento uniforme se denomina inercia.

Muchos otros trucos se basan en el mismo principio. Por ejemplo, si colocamos una pila de monedas en una mesa, podemos retirar la de abajo sin mover las restantes, simplemente dándole un toquecito con un trozo fino de madera o metal. En ambos casos, la incidencia de la fricción no sobrepasa la inercia.

Arena en la playa

Antes de que la pisaras, la arena estaba compacta, tanto como lo puede estar en condiciones naturales.

Tu peso la ha desordenado, y los granos ya no están tan apretados. La arena se ve obligada a ocupar más volumen y se eleva por encima del nivel del agua, volviéndose seca y blanca. Como el agua sube más lentamente, debido a la acción capilar, a la arena le lleva unos pocos segundos, o incluso más, mojarse y oscurecerse de nuevo.

¿Qué hay en la caja?

La primera caja contiene arroz crudo hecho un montoncito en un ángulo. La segunda caja contiene un peso de hierro y una pila de hielo, que deben estar en perfecto equilibrio para que el peso del hielo mantenga la caja en la mesa. A su debido tiempo el hielo se derretirá, volcando la caja.

Quito

Pesaría cero. Su centro de gravedad estaría en órbita, considerando la velocidad de rotación de la Tierra y el hecho de que Quito está en la línea del ecuador.

Cómo meter un huevo en una botella

Si el huevo sin pelar se sumerge en vinagre durante la noche, o en ácido acético, su cáscara se convierte en plástico. El procedimiento descrito hará que el huevo entre en la botella, y un aclarado en agua fría devolverá a la cáscara su dureza original.

¿Cómo causa la Luna las mareas?

La rotación de la Tierra está aminorando gradualmente. Sin embargo, no esperes tener un día de 25 horas, o poder disfrutar de unos minutos más de sueño por la mañana. El efecto solo consigue añadir un segundo al día terrestre cada 100.000 años.

Cómo fotografiar la Luna

Las fotografías muestran que la Luna tiene el mismo tamaño en ambas posiciones. La ilusión es universal, –lo es incluso en el planetario–, pero aún no hay una explicación totalmente aceptada que lo argumente. Ptolomeo defendió que la Luna en el horizonte parece más grande porque la podemos comparar con los árboles y los edificios en la lejanía. Esta teoría sigue siendo la más aceptada, pero no explica por qué los marineros ven la ilusión lunar igual de vívida en el mar.

Un viaje a la estrella más cercana

Podríamos llegar en un mínimo de 4,3 años pero, entonces, debemos determinar la aceleración y desaceleración máximas que puede soportar el cuerpo humano para llegar y volver en una velocidad aproximada de 300.000 km por segundo.

¿Qué hay en el centro de un arcoíris?

En el centro del círculo está la sombra de tu cabeza. Las gotas en un arcoíris se encuentran en la superficie de un cono imaginario que apunta directamente al Sol, detrás de ti, y tiene el vértice en tus ojos. (En el caso de los arcoíris más cercanos, como es el caso de los aspersores de riego, es posible ver dos arcos gemelos superpuestos, uno con cada ojo). El arco de un arcoíris está siempre a 42 grados de la línea de visión entre tú y tu sombra. El círculo completo cubre un ángulo visual de 84 grados, casi un ángulo recto.

Escalar la montaña

Fue Bob el que estuvo más acertado al afirmar que el frío se debía a que la atmósfera estaba enrarecida. Si bien es cierto que los rayos del Sol son más fuertes a mayor altitud y que los vientos tienen un efecto de enfriamiento, y que a mayor altitud más fuerte es el viento, la razón principal de que la temperatura sea más baja a mayor altitud es la atmósfera enrarecida. Con un menor número de moléculas por centímetro cúbico, menos moléculas nos bombardean cada segundo y menos calor transmite a nuestro cuerpo el aire que nos rodea.

El sentido defectuoso

El sentido al que nos referimos es la vista.

Las imágenes en movimiento consisten en una sucesión de fotogramas, generalmente 24 por segundo. El ojo percibe las imágenes aisladas como una secuencia de imágenes ininterrumpidas que fluyen suavemente debido a un fenómeno llamado «persistencia de la visión». La impresión de una imagen en la retina perdura ya que es retenida por el cerebro durante una fracción de un segundo después de que la imagen haya desaparecido.

¿Sabes hacer ondas?

El primer salto es corto y hacia la derecha. Cuando el borde posterior de la piedra golpea, impulsa la arena hacia la izquierda; la piedra se inclina hacia delante y salta hacia la derecha. Entonces el borde delantero golpea y empuja la arena a la derecha; la piedra se inclina hacia atrás y realiza un salto largo hacia la izquierda, y el ciclo se repite. Los saltos cortos parecen desaparecer cuando la piedra salta sobre el agua. Después de que golpee el borde posterior, la piedra planea y genera una cresta de agua delante de ella, luego se eleva y realiza un salto largo. Golpea con su borde posterior otra vez, y repite el proceso.

Rayos del Sol

Los rayos de sol son paralelos, por supuesto. El abanico es una ilusión óptica, la misma ilusión que hace que las vías del ferrocarril parezcan encontrarse en un punto en el horizonte. Los rayos solares son una ilusión todavía más poderosa debido a la ausencia de puntos de referencia. Es difícil de creer, incluso cuando sabemos a ciencia cierta que es así, que dos rayos, tan alejados entre sí, se encuentren a la misma enorme distancia cuando emergen por detrás de una nube.

La estación espacial

1. Si el astronauta caminase alrededor de la estación en la dirección de su rotación su peso aumentaría. Si se diese la vuelta y caminase en la dirección opuesta su peso disminuiría. ¿Por qué ocurre esto? Sabemos que la fuerza centrípeta aumenta proporcionalmente con la velocidad de rotación. Caminando en esa dirección el astronauta añade su velocidad a la de la rotación.
2. Intenta girar una moneda en el suelo de tu habitación: la moneda no girará. Debido a la conservación del momento angular, un objeto que gira trata de mantener su posición en el espacio. Dado que la estación espacial está constantemente cambiando nuestra posición en el espacio, una moneda que gire cambiará constantemente su orientación, con el fin de corregir su momento angular, y se detendrá y caerá.

¿Un terreno de juego igualado?

Según Euclides, un plano puede tocar tangencialmente una esfera solo en un punto, X, como se aprecia en la imagen. Solo una persona de pie en X puede considerarse erguida respecto al centro de la Tierra. Esto es un tanto teórico ya que el campo de fútbol es demasiado pequeño en comparación con la superficie de la Tierra. Sin embargo, es perfectamente cierto.

Cómo saber si es ácido o alcalino

Un pétalo de rosa rojo. Presiónalo fuerte contra un papel, y la mancha rosa resultante tendrá las mismas propiedades que el tornasol. De hecho una flor rosa puede volverse azul oscuro con amoníaco.

¿Cuál es la mejor manera de construir un puente de ladrillos?

1. El diseño arqueado tiene capacidad para una carga más pesada.
2. La cantidad de material necesario es la misma en ambos diseños. Si cortas la sección arqueada del puente y la colocas en el hueco de abajo, acabarás teniendo un puente recto. Esto prueba que ambos tienen la misma cantidad de material.

¿Whisky y soda?

Hay la misma cantidad de whisky en el agua con gas que agua con gas en el whisky. Este enigma clásico se puede abordar con álgebra, fracciones y fórmulas, o con intuición.

Ambos recipientes se quedan con un cuarto de líquido tras la transferencia, el mismo volumen con el que empezaron. La cantidad de whisky que falta en la botella se cubre exactamente con la cantidad de agua con gas necesaria para restablecer su volumen a un cuarto. De igual forma, la cantidad de agua con gas que se ha sacado de la botella, sea la que sea, se ha cubierto con el mismo volumen de whisky. Esto es cierto para muchos pares de líquidos, pero no para todos –como en el caso de una cucharada de un líquido más una cucharada de otro, que es menos (o más) que dos cucharadas de mezcla, debido a la reacción química.

¿Puedes ver en 3D?

El fenómeno de la visión 3D reside en el hecho de que ambos ojos perciben versiones ligeramente diferentes del mismo objeto.

El cerebro humano está genéticamente programado para integrar las dos vistas de un mismo objeto en una visión tridimensional. Si cierras un ojo, el mundo tridimensional que ves a tu alrededor se convierte en bidimensional. Puede que no veas mucha diferencia, pero eso es porque tu memoria visual sabe que aquello que estás mirando es, de hecho, tridimensional y lo sigue viendo de esa manera. Una persona con un solo ojo, sin embargo, no es capaz de ver en tres dimensiones y, por tanto, no puede estimar las distancias por paralaje, una habilidad que se basa en el procesamiento de imágenes diferentes recibidas por ambos ojos.

Cualquier intento de convertir una imagen bidimensional en una tridimensional se basa en el engaño del cerebro para que reaccione como si cada ojo estuviese recibiendo una imagen diferente del mismo objeto.

Hace años, el estereoscopio, un instrumento óptico con cabezal binocular, presentó dos imágenes o fotografías ligeramente diferentes para su visualización, una con cada ojo. De este modo, el cerebro era engañado y ofrecía la ilusión de una imagen tridimensional. La película de corta duración en 3D, que presentaba imágenes superpuestas en rojo y verde, filtraba puntos de vista alternativos con las gafas con lentes rojas y verdes, de nuevo engañando al cerebro. Estas ilusiones 3D, y algunas otras, se basan en el hecho de que los ojos humanos se centran generalmente en cualquier objeto que estén mirando. Sin embargo, los ojos pueden desenfocar, o divergir, y este es el principio que rige los estereogramas.

Hagamos un experimento. Sujeta un lápiz en posición vertical justo delante de tu nariz, relájate y, a continuación, sepáralo despacio, a unos cuarenta centímetros. Probablemente verás dos lápices, a no ser que trates de enfocar deliberadamente. Ahora sigamos con otros dos experimentos que nos proporcionarán la total comprensión del fenómeno del estereograma.

Primero, cierra un ojo y luego el otro, alternativamente. Verás primero desaparecer un lápiz y luego el otro. Segundo, pon el lápiz en posición horizontal. Los dos lápices se convertirán en uno, si exceptuamos sus extremos.

En un estereograma los patrones se duplican, pero con diferencias mínimas que no son observables debido al fondo. Si dejas que tus ojos vaguen, es decir, que diverjan o desenfoquen, cada ojo captará una versión diferente del patrón duplicado. Esto es todo lo que el cerebro necesita para generar la visión 3D. Puedes probar esta teoría con cualquier patrón de estereograma. Una vez que veas la imagen en tres dimensiones, cierra un ojo y la ilusión 3D desaparecerá. Lo mismo ocurrirá si giras la imagen de lado, a derecha o izquierda, pero reaparecerá si lo giras boca abajo (180 grados).

La carretilla

Tirar de una carretilla es más fácil. Al empujar, presionamos la rueda con más fuerza contra el suelo, y añadimos una carga extra de trabajo.

¿Correo aéreo?

En teoría el esquema funcionaría, aunque dudo que alguna oficina postal te pagase si tuviesen que enviar un paquete flotante.

En general, afirma que la balanza de resorte mide el peso (es decir, la fuerza de la gravedad) y que la báscula de brazos mide la masa (es decir, la cantidad de sustancia de un objeto). Esto no es estrictamente cierto; la balanza de brazos compara pesos y, por tanto, no se vería afectada por un cambio de gravedad. Por ejemplo, las básculas de cocina darían la misma lectura en la Luna, pero una balanza de resorte no.

En este caso, sin embargo, ni siquiera una báscula de brazos daría una medida correcta de la masa del paquete. No creo que haya un instrumento corriente que lo haga. O bien el paquete se debería pesar en un vacío o se tendría que inventar una máquina que midiese la masa inercial mediante, quizás, una leve oscilación del paquete.

El juego de espías

No, la operación no funcionaría teóricamente. Una variación mínima en la temperatura destruiría por completo el código, debido a la expansión térmica.

Podrías afrontar el problema de la expansión térmica convirtiendo el decimal en una fracción y cortando la barra en dos piezas, una para representar el numerador y la otra, el denominador. Esta sería una solución puramente matemática, ya que la expansión térmica afecta ambas piezas, pero no la proporción ni, por tanto, la fracción.

En un nivel físico ni siquiera funcionaría teóricamente. El problema son las distancias tan pequeñas con las que uno tiene que enfrentarse. Cada letra añadida al mensaje implicaría un aumento de cien veces en la precisión. Mandar mensajes con solo dos letras (por ejemplo, OK) probablemente sería factible; se requeriría una precisión de 0,1 mm.

Para mandar un mensaje de cinco letras (por ejemplo, ATOMS) se requeriría una precisión de 0,1 nanómetros, que es aproximadamente la mitad del diámetro de un átomo de hierro. Dado que no es posible disponer de medio átomo, el envío de este mensaje por medio de este método sería imposible.

Alargar la longitud de la barra podría proporcionarte una solución viable. Dejando de lado el problema logístico relacionado con el envío de una barra larga, examinemos de nuevo la posición. Para enviar el mensaje ISOTOPE MASS, tenemos que transmitir el número 091915201516053913011919. Supongamos que enviamos una barra cuya longitud equivale a esta cantidad de milímetros. ¿Cómo de larga es la barra?

91.915.201.516.053.913.011.919 mm

$= 10^{23}$ mm

$= 10^{17}$ km, 600 millones de veces más lejos que la distancia (150 millones de kilómetros) entre la Tierra y el Sol.

Observa que se podría desarrollar un método usando barras separadas para cada letra, posiblemente expresando la longitud en centímetros para indicar el orden de las letras, y las décimas en milímetros como el código.

¿Cuánto puedes llegar a pesar?

Sí y no. Nuestro peso es presionado por la fuerza de atracción gravitacional de la Tierra. No obstante, parte de esta fuerza es contrarrestada por la fuerza centrífuga debida a la rotación del globo. Esta fuerza es cero en los polos y alcanza un máximo en el ecuador. Por ejemplo, una persona de pie, en Quito, cambiará su centro de gravedad según crezca, y de este modo incrementará la fuerza centrífuga y, al mismo tiempo, reducirá el efecto de la gravedad. En consecuencia, llegará un punto en que el peso resultante empezará a descender. Cuando el centro de gravedad alcance unos 36.000 km de altura, la persona será ingrávida y estará eficazmente en órbita. No hace falta decir que, en uno de los polos, el peso seguirá aumentando, con independencia de la altura, hasta que la masa de la persona sea suficiente para ejercer una gravedad medible en la Tierra.

¿Puede flotar un acorazado en una bañera?

Por extraño que parezca, es perfectamente posible hacer flotar un acorazado en una bañera. Siempre y cuando haya suficiente agua para rodear el barco por completo, flotará. El casco del barco no puede diferenciar si está rodeado por un océano o por una mera fracción de cinco centímetros de agua. La presión del agua en el casco es la misma en ambos casos. Igualmente, la presión hidrostática del barco es independiente de la cantidad de agua que haya debajo o en el costado del barco. A mucha gente le parece difícil de creer porque confunden la cantidad de agua desplazada con la cantidad necesaria para hacer flotar el barco. Mirémoslo de esta manera: supongamos que el barco pesa 30.000 toneladas. Si llenamos la bañera hasta el borde con varios millones de litros de agua e introducimos el barco, la cantidad de agua que se saldrá de los bordes pesará, de hecho, 30.000 toneladas. Pero esa es la que se sale. La cantidad de agua que permanece dentro, haciendo flotar el barco, podría ser mucho menos. Si el hueco entre el casco del barco y la pared de la bañera es lo suficientemente estrecho, el agua podría quedar reducida a una fina envoltura de un centímetro de grosor y rodear completamente la nave. Este principio se ha puesto en práctica en el Observatorio del Monte Palomar (California), donde el gigantesco telescopio de herradura de 530 toneladas flota en un cuenco sobre un delgado colchón de aceite.

La luz y la sombra

La parte superior de la sombra se mueve más rápido que el hombre.

Como prueba, supongamos que A es la posición que ocupa el hombre en un determinado punto en el tiempo, y B la que resulta después de haber caminado 20 metros en dirección a la luz. Supongamos que AA y BB hacen referencia a la parte superior de las sombras en ambas posiciones. La distancia AA-BB es claramente mayor que A-B así que, en consecuencia, la parte superior de la sombra tiene que haberse movido más rápido.

Plumas y oro II

Una libra de plumas pesa más. Esto es porque las plumas se pesan usando el sistema avoirdupois, mientras que el oro (como la plata y los fármacos) se pesa usando el peso troy. Una libra avoirdupois es mayor que una libra troy.

TÉRMINOS USUALES

Dado que los lectores pueden no estar familiarizados con todos los términos científicos que aparecen en este libro, puede resultar útil, para facilitar la consulta, definir aquí algunos conceptos que no forman parte del vocabulario de todos los días.

adhesión/cohesión: la adhesión es la fuerza de atracción entre dos tipos diferentes de moléculas. La fuerza de atracción entre moléculas similares se denomina cohesión.

año luz: distancia a la que viaja la luz en el vacío en un año, alrededor de 9.460.000.000.000.000 km.

arrastre: ver **fricción**.

centro de gravedad: punto en cualquier objeto en el que se puede considerar que está concentrado todo el peso sin afectar a las propiedades del objeto. Esta suposición puede simplificar los cálculos en gran medida.

cero absoluto: temperatura a la que las moléculas de cualquier objeto permanecen estáticas; representa, por tanto, la temperatura más fría posible.

cohesión: ver **adhesión**.

conducción del calor: proceso por el cual la energía del calor puede pasar a través de una sustancia al transferirse energía vibratoria entre moléculas adyacentes. Se da mayormente en sólidos.

conservación de la energía: ley científica que afirma que la energía (calorífica, luminosa, sonora, eléctrica, etc.) ni se crea ni se destruye, sino que se transforma.

convección del calor: proceso por el cual un fluido caliente se ve forzado a elevarse al ser desplazado por un fluido más frío.

difracción: proceso por el cual una onda se curva alrededor de objetos pequeños o se extiende al pasar por una rendija.

dispersión de Rayleigh: nombrada así por Lord Rayleigh (1842-1919); tipo de desviación de la radiación electromagnética por las partículas de la materia por la que pasa. Los fotones de radiación rebotan en los átomos y moléculas sin ningún cambio de energía (dispersión elástica), cambiando la fase, pero no la frecuencia, en oposición a la dispersión inelástica.

efecto Bernoulli: descubierto y formulado por el matemático suizo Daniel Bernoulli en 1738. El principio afirma que, según aumente la velocidad de un líquido en movimiento o gas, la presión en el interior de ese fluido disminuye. Este principio es un aspecto importante de la aerodinámica y las corrientes de superficie, como el ala de un avión o los propulsores de un barco. A medida que el aire fluye sobre la superficie superior de un ala se acelera y, por tanto, experimenta una reducción en la presión en comparación con la superficie inferior. La diferencia de presión obtenida proporciona la elevación del avión.

efecto Coriolis: desviación causada por la rotación de la Tierra.

entrada en pérdida: ver **sustentación**.

evolución: teoría propuesta por Charles Darwin que sostiene que las especies cambian durante largos periodos de tiempo, como resultado de que los individuos que poseen diferencias ventajosas tienen más éxito en la procreación.

filtro polarizador: pantalla que permite que pase la luz que vibra solo en una dirección. Ver **polarización de la luz.**

fluido: sustancia que fluye, un líquido o un gas.

fricción: fuerza resultante de mover un objeto contra otro con el que está en contacto.

gravedad: fuerza de atracción entre dos objetos cualesquiera. La fuerza es muy pequeña y solo es perceptible si uno de los objetos es muy grande.

LED: diodo emisor de luz *(Light Emitting Diode);* pequeño dispositivo sólido que produce luz, sin calor, cuando una pequeña corriente eléctrica lo atraviesa.

leyes del movimiento de Newton: (1) Todo cuerpo persevera en su estado de reposo o movimiento uniforme y rectilíneo a no ser que sea obligado a cambiar su estado por fuerzas impresas sobre él. (2) La aceleración que adquiere un cuerpo es proporcional a la fuerza neta aplicada sobre el mismo. (3) Con toda acción ocurre siempre una reacción igual y contraria.

masa: medición de la cantidad de materia presente en un objeto. Es independiente de la fuerza de gravedad (peso) que actúa en el objeto. El peso se mide con una balanza de resorte y la masa con una balanza de brazos.

móvil perpetuo: aparato mecánico que funciona y opera perpetuamente sin otro suplemento de energía que el que genera el propio aparato. Dicho sistema no puede existir, ya que es contrario a una ley física ya establecida, llamada principio de conservación de la energía. Esta ley es tan fundamental que las oficinas de patentes deniegan cualquier aplicación basada en el movimiento continuo.

El movimiento continuo es perfectamente factible en ausencia de fricción; por ejemplo, electrones rotando alrededor de un núcleo o un objeto que vuela en el espacio. Sin embargo, tan pronto como se extraiga la energía de este sistema, se frenará, acabando con su movimiento continuo. No hace falta decir que no se acepta ningún dispositivo que use la fuerza de gravedad o una variación de la presión atmosférica o de la temperatura.

peso: ver **masa.**

polarización de la luz: la luz es una onda que tiene un vector eléctrico y uno magnético. En todas las formas de luz natural estos vectores no están alineados. Si se alinean, se dice que la luz está polarizada.

principio de Arquímedes: afirma que cuando un objeto se sumerge en un fluido experimenta un empuje hacia arriba que iguala el peso del fluido desplazado.

principio de flotabilidad: afirma que un objeto que flota desplaza su propio peso de fluido.

proceso adiabático: término usado en termodinámica; hace referencia a la condición en la que el calor ni entra ni sale del sistema, aunque la presión y el volumen varíen. Por ejemplo, el aire en una bomba de bicicleta se calentará si se comprime, porque no hay ningún calor significativo transfiriéndose inmediatamente. Otro ejemplo, con el efecto contrario, es un bote de aerosol. Al liberar su contenido, la temperatura del bote bajará. Otros sistemas de uso diario, como el motor de un automóvil y el frigrorífico, son ejemplos del fenómeno adiabático.

radiación del calor: proceso por el cual el calor atraviesa un vacío o un fluido. Es una forma de luz (infrarroja).

refracción: proceso por el cual la dirección de la luz cambia cuando pasa de un medio a otro de diferente densidad. Así es como funcionan las lentes.

sustentación: fuerza ascendente producida por el flujo de aire sobre las alas. Si la sustentación desaparece porque se produce una interrupción en el flujo, el ala entra en pérdida.

tensión superficial: condición que existe en la superficie de los líquidos que hace que parezca que estén cubiertos por un plástico. La tensión es resultado de las fuerzas intermoleculares del líquido. Ejemplos: un zapatero de agua puede caminar por la superficie del agua; la casi perfecta esfera de una pompa de jabón; una pequeña cantidad de mercurio que, al verterla en un plano, adquiere una forma casi esférica, que se aplana solo por la fuerza de la gravedad.